轻轻松松
当好班主任

田冰冰

著

教育科学出版社
·北京·

轻松治班1.0　　→　有 条 不 紊 ， 稳 步 开 局

和而不同，民主管理

张 弛 有 度 ， 调 控 课 堂

招 招 出 新 , 创 意 经 营

▶ 协同经营，团队建设

朱小蔓序·陪伴每个孩子共同成长

　　读到田冰冰老师的书稿《轻轻松松当好班主任》，我的心中荡漾起感动和喜悦。在这个从事教育工作一点儿也不轻松的大环境下，作者居然可以轻轻松松地当班主任，她有什么特别的素质和能力？她的法宝和奥秘是什么？带着这样的疑问，我通读了书稿。透过文字，我看到了一个可爱、可敬的坚守班主任岗位、执着于班主任研究的青年教师形象。书稿是作者对自己 20 年教育工作历程的认真梳理。虽然书名中有"轻轻松松"一词，但实际上本书所写的是她付出了很多努力，用无数心血和才智换来的宝贵经验！

　　学校教育必须传承人类的优秀文化，但它不是要演绎过去的历史，而是为未来培养人才。正是因为有了这样的工作使命，了解每个孩子，陪伴每个孩子成长，自觉地研究、调整工作方式和策略才成为教育者永恒的追求。本书中的很多教育设计都指向学生的个性发展，都是为了努力实现对每个学生的平等关注。

　　每次看到青年教师的新作，我的脑海中都不禁浮现出朋友在家乡拍的照片里的场景——两棵树牵手伫立，它们仿佛有着无限深情，但又各自将手臂伸向蓝天。这两棵树就像班主任和学生，班主任在陪伴学生成长的过程中也获得了自身的成长。教师与学生共同经历，彼此滋养，这是多么令人憧憬的一幅画卷！

　　职业使命赋予班主任多重角色，他们要处理很多日常事务。久而久之，难免会产生职业倦怠。"轻轻松松当好班主任"似乎只是虚幻的愿景。我们不必回避问题和矛盾，也没有必要空谈理想和责任。每位教师，尤其是班主任，面对困境时都必须寻找解决问题的办法，在应对问题、改变现状的过程中走出自己的路。有作为的教师都是在突破困境、超越现实的过程中成长起来的。

作者借用微信公众号进行家校沟通，左手家长，右手学生，改变了假期里师生互不联系、教育断线的状态，拓展了教育的时间和空间，助力家庭提升教育水平。这样紧跟时代潮流的工作方式，不仅带动了不同的家长参与学校教育，而且激发起包括她本人在内的一线班主任进行草根研究的乐趣与信心。

班主任往往习惯于将治班的重担一肩挑，十分辛苦，因此，要设法改变孤掌难鸣的状态，强化在工作中用人育人、和衷共济的意识，尽可能寻找新的教育合作伙伴，让班级管理工作从单兵作战转向师生互学、全员共育。唯此，"轻轻松松"才有可能不再是纸上谈兵。作者最大限度地扩容自己的团队，寻找自己的教育合作伙伴，实施师生互学、全员共育。她一改传统的任用制和竞选制，把所有班干部都设为班级公共服务岗，专人定岗，提高了服务质量；她以班主任为核心，带动科任教师团队形成互助合作的班级经营联盟；在文化建设上，各门学科都有专栏；期末评价上，科任教师有反馈。同时，她非常重视打造能不断学习的家长团队。她教着做，用公众号弥补教育空白；带着做，持续引领亲子教育；一起做，用人所长开设"百家讲坛"。她充分发挥出班主任的核心领导力，带动越来越多的科任教师和家长，改变了"当听众，当看客"的思维模式，共同走入孩子的生活空间，建立起新的教育共同体。

班主任需要改变一个人战斗的传统观念，主动挖掘和吸纳不同方面的人力资源。你会发现，在拆掉高耸的围墙后，你可以与其他教师、家长共同感受教育的乐趣与幸福，实现携手共育。班主任也会因此摆脱由孤掌难鸣带来的职业孤独和疲惫，体味由团队力量带来的丰富景象和成就感。

　　班主任是一个平凡而伟大的岗位，很多优秀教师从这里起步。老师们无论是行动、写作还是研究，都要不断追问行为背后的价值、方向，把每个细节做精致、做到位，从而清晰、坚定地走下去。我期待每位班主任都能成为林中高唱生命之歌的歌者。

　　（朱小蔓，北京师范大学教授、博士生导师）

马宏序·做个笔耕不辍的教育者

读完田冰冰老师的书稿《轻轻松松当好班主任》时，已是深夜。

200多页，10余万字——田老师的"好声音"余音袅袅。虽然眼睛有些干涩，心里却阵阵热浪涌动。书稿凝聚了一位痴迷于班主任工作的老师的汗水和心智，其流畅而温和的文风，一如她在平日的工作中给人留下的印象。这是一位优秀的巴蜀人植根于教育领域不断创造的行走轨迹，是一名深耕于巴蜀、执着于教育的青年名师的成长故事，也是巴蜀教师专业成长、职业幸福夺目秀色中的一抹绚丽华彩。因此，当田老师请我为本书作序时，我欣然应允。

曾在巴蜀小学担任国文教师的叶圣陶先生，对写作有过这样一段阐述："先有生活，后有写作；先有经验，后有写作；先有情感，后有写作。"教育写作是教师专业成长的重要技术支持，是教师专业成长的重要职业习惯。多年来，巴蜀小学一直秉承"教育是做的哲学"，提倡教师系统建构、整体推进教育教学工作，并鼓励教师不断反思，不断对教育进行总结、归纳和思考。

《轻轻松松当好班主任》中的五个章节，正是田老师可供借鉴、迁移的班主任成长"五部曲"。田老师系统梳理了新学期的稳步开局、日常教育管理、科学调控课堂、创新开展经营、扎实开展团队建设的成长历程。她以时间为线索，总结归纳了班主任在每个重要时间节点开展工作应关注的内容和相应的实践经验。她把巴蜀班主任扎扎实实的工作实践，化为清晰可借鉴的经验，为一线班主任提供了可以一步步参考的经验纲要，提供了一个朴实、好用、有效的工作脚手架。她改变思路，不做疲于应对的单兵作战型班主任，而是以班主任为核心，充分发挥班主任的领导力和辐射作用，带动家长、科任教师、学生团队，共同经营好班级。相信一线的班主任能够开卷有益，从中得到启迪。

一线教师要实现自身成长，就必须在工作和生活中不断积累和梳理，从而形成经验，甚至将之固化为具有普遍意义的规律。田老师近十年来笔耕不辍，硕果累累，成为《班主任之友》《班主任》杂志的封面人物，文章登上《人民日报》等国内重量级的媒体。她执着于教育事业，在陪伴学生的过程中，不断提高对自身的要求，不断丰富自我，努力用更好的自己来引领孩子成长。

21 世纪的教师，不仅要有良好的执行力，更应该有良好的创造力，以面向未来的眼光去审视学生终身成长的需要，以面向未来的教育方式去引领学生的成长，与学生的脉搏一起律动，在共同经历中彼此滋养。一代代巴蜀人践行着"创造一个新的学校环境，实验一些新的小学教育"的责任与使命，将巴蜀的好经验、好声音传播开去，与人共享教育理念。我想，这正是教师专业成长为学校乃至整个社会做出的重要贡献。

再次祝贺田老师新书出版，愿巴蜀人继续为国内的教育同人提供更新、更美的教育故事！

（马宏，重庆市巴蜀小学校长）

轻松治班1.0

有条不紊，稳步开局

QINGSONG ZHIBAN 1.0

>> 系统规划、整体思考、稳步开局，是成功开展学期工作的保证。班主任要改变一头扎进事务性工作的旧习，有条不紊地布局，让班级工作更加稳健从容。

第一节　开学前的准备

一、从一场"走心"的学情调研开始

接手新班级后，如何快速了解数十位学生，让班级工作尽快步入正轨？首先，班主任要布一个"人员调研"的局——可以打一个温馨的电话，发一张细致的调查表，做一次周详的查档记录，探访一下原班主任，做一次深入的家访。五种手段相互补充，基本可以满足班主任将学生归类并了解个别学生需求的需要。班主任可以综合访谈结果，为每位学生建立一份档案。班主任常常阅读学生档案，可以更快、更好地熟悉学生的情况，从而采取有针对性的措施。班主任还可以从中筛选信息，作为自己初次遴选班干部的参考。为实现效益最大化，班主任还应将这些调查结果与科任老师分享。

掌握学情调研的渠道和技巧其实并不难，快速了解学生只需要掌握这五招。

（一）打一个温馨的电话

我们学校一年级的班主任都有这样一个工作惯例，那就是在新生入学前给家长打一个温馨的电话。班主任首先自报家门，表达自己的诚意；然后简单了解孩子的情况，比如性格、爱好、特长等；最后，对开学要事进行说明，并对家长表示感谢。打电话时语言要简洁，语速不宜过快，过快会给家长留下一种慌慌张张的印象，让家长缺乏安全感。也不宜以"煲电话粥"的状态去和家长详谈，这样会增加负担，降低效率。

[附：电话内容举例]

您好，请问是××同学的家长吗？您好，很高兴和您电话沟通。我是×××老师，是您孩子的新班主任。我将陪孩子一起开始新的学习生活。您的孩子有什么爱好和特长？……感谢您详细的介绍，我愿意成为您最诚挚的教育伙伴，让我们一起努力陪伴孩子成长。咱们开学后见！

班主任给家长打电话，本来想好好沟通一下，但是如果遇到家长在开会、开车，甚至打麻将等情况就会比较尴尬。班主任可以先发短信预约，以避免出现类似的情况。例如，"您好，我是××班班主任×××，我将于今天 15:30 左右给您打电话沟通情况，请保持电话畅通。"

（二）发一张细致的调查表

如果班主任在开学前没有时间和每个家长一一交流，还有没有可以快速了解学生的基本情况的便捷方式呢？当然有！开学初通常是家长最迫切期待和老师交流的时间。班主任应抓住这一时机，设计一张内容详细的调查表，把亟待了解的学生情况，都分栏罗列其中，并在家长会上留出时间，请家长集中填写。这不失为一种简单、高效的方法。

[附：入学调查表]

姓名		性别		身份证号	
出生日期		爱好		注射疫苗	是　　否
特长		民族		饮食习惯	

	姓名	职业	联系方式	单位地址	可为班级提供的资源
父亲					
母亲					
E-mail		邮编			
紧急联络人		紧急联络电话			
家庭地址					
所属派出所					
对孩子的客观评价					
孩子需要改变的地方					
孩子需要特殊照顾的地方	□有　　□无 具体说明：				
您希望对孩子	□严加管教 □采取民主作风				
写给老师的心里话					

备注：

1. 对孩子的客观评价：对孩子的性格、特长、爱好等情况进行详尽的描述，有助于老师及时了解学生，为其提供相应的发展空间。

2. 孩子需要改变的地方：如挑食、偏执等。填写真实的情况能让老师的教育更有针对性，老师是不会对任何同学有偏见的。

3. 孩子需要特殊照顾的地方：如胆小、近视等。家长不妨都写出来，以便班主任给予孩子更周到的照顾。

通过这张调查表，班主任很容易对学生信息有深入的了解。如，"可为班级提供的资源"一栏，稍加细化，就可以重新整理为"班级家长义工申报表"；"对孩子的客观评价"一栏，可以帮助班主任在第一时间了解孩子的优点、特长及品行特点；"孩子需要改变的地方"一栏，可以让我们了解到学生的最近发展区，或者发现家庭教育中有困难的地方。班主任及时了解这些信息，有助于在第一时间和家长携手，抓住宝贵时机帮助孩子成长。

在"互联网＋"时代，这样的纸质调查问卷还可以演变为网络调查问卷，这样对数据的分析和整理将更加方便快捷。设计网络调查问卷并不是信息技术专业人士的专利，班主任可以通过"问卷星"等平台，在线设计个性化的班级调查问卷，再通过微信将问卷链接发给家长，请家长填写后提交。在"问卷星"等平台上，无论是题目数还是答卷数，都没有上限，而且它支持分类统计和交叉分析，班主任稍加学习即可独立设计问卷。

（三）做一次周详的查档记录

学校在新生入学登记时，常常会请学生家长填写一张内容详细的学籍卡，上面的很多信息可以帮助班主任了解学生。班主任可以从学籍室或者家长服务中心借取相关资料阅读。同时，要记下学生的特殊情况，例如单亲家庭、留守儿童等，以便日后给予关照；还要关注家长的学历、婚姻状况、工作性质等细节，这些看似不重要的细节，能帮助班主任提早对无力辅导孩子的家庭给予更多关注。

（四）探访一下原班主任

如果是中途接班，一定要想办法和原班主任进行一次深入访谈。因为每位认真的班主任都会对自己的学生了如指掌，是性格急躁还是温文尔雅，是多才多艺还是闷不作声，甚至每个孩子的家庭情况，"老班"都烂熟于心。如果不想做无用功，就带着本子去求教吧——这实在是一条捷径！

要提醒的一点是，对"老班"的访谈是一把双刃剑，许多"老班"在介绍学生的情况时，难免会向新班主任传递令人不安的信息，甚至递上难以管教的问题学生的名单。在新老班主任交接岗位的节点，若孩子带着

"洗心革面"的憧憬开启新的学期，而新任班主任却已悄然接过了来自老班主任的有色眼镜，就很容易错过转变学生的绝佳契机。

（五）做一次深入的家访

如果班级人数不是很多，和科任老师共同家访，也是班主任了解学生的有效方法。虽然家访这种方式非常费时间，甚至已被现代学校教师弃之不用，但是，教师在家访时从对话、观察中所获得的信息是其他方式不能比拟的。

特别重要的是，通常在入学之前，每个家庭都会存在不同程度的入学焦虑，家长在很多问题上有疑问和担心。班主任通过近距离的访谈和答疑解惑，可以缓解家长和孩子的入学焦虑。班主任和科任老师共同发现家庭教育中的薄弱环节，可以提前有针对性地制定帮扶策略，有的放矢地开展工作。

班主任要有一双慧眼。只要潜心观察，每种形式的学情调研都能让你发现很多细节。这些细节能帮助你更好地了解学生。

开学第一天，家长坐在孩子座位上帮孩子一根一根削铅笔，这传递了什么信息？家长送孩子到教室门口，道别之后转身就走，这传递了什么样的信息？孩子走进班里，很快就和周围的小伙伴嬉笑聊天，这又传递了什么样的信息？

在不同时间段，你的观察可以有不同的侧重方向。

早晨：观察学生的早餐和晨读情况，了解家校练习本的完成情况和作业完成情况。

上课时间：观察学生的专心程度、发言及提问情况等。

下课时间：观察学生的活动内容、与同学互动的情况等。

分组活动时间：观察学生是否能和同学和谐相处等。

只有了解学生，才能因材施教。所有普通的细节都在传递着孩子的性格、家庭环境等信息。抓住细节，不断观察分析，就可以很容易地掌握孩子的情况。

同时，经过辛苦调研得来的结果，不要仅仅一听了之、一填了之，将之尘封在自己的抽屉里。可以制成表格张贴出来，这既是对学生特点的阶段性梳理，又能明确家庭和学校共同努力的方向；还可以进一步归类、汇总、分析数据，与各位科任老师资源共享，这也是以班主任为核心，带动教师团队共同前进的第一步。

二、打造个性十足的新班规划

学期初，交班级规划的最后期限一天天逼近，你准备怎么办？是从网上下载、复制同事的，还是原创一份属于自己的规划？

不要让班级规划成为应付差事的作业，要改变长期以来"规划"和"实践"两张皮的状态。借助对班级规划的思考，布一个"系统规划、整体推进"的局，也是提高班主任布局意识和能力的重要一步。

前期多种形式的调研，为班主任了解班级的学情提供了重要的数据支持，班主任可以根据这些数据，初步拟定班级工作计划。一份清晰的班级工作计划，要能回答两个问题：常规工作如何做？特色工作做什么？在此基础上，班主任还可以尝试整理每周、每月的工作计划，以便于增强对整个学期的掌控感。

一份出色的班级规划，必然符合教育发展的时代要求，能结合学校的总体要求以及班级的培养目标，能有效利用学校资源和班级资源。认真落实班级规划，能有效避免班级工作的盲目性、片面性和随意性，提高工作成效。

制订班级工作计划，应包括四个方面的内容。

（一）常规工作如何做

对于班主任来说，建立秩序并保证教学工作顺利进行是第一要务。为把常规工作落到实处，班主任首先要思考采取哪些跟进策略。班主任一定要切实做好学情分析，结合学生的年龄特点、性格及其他因素来分析班级情况。根据班情，制定相应的工作策略，同时，结合学校当前的工作方向，确定自己的班级工作目标。

[附：学情调查分析]

××小学一年级（11）班学情调查分析（摘录）

1. 个性特征

我们在这次家访过程中发现，绝大多数孩子性格外向，喜欢主动和老师说话，能够回答老师的问题，整体状况令人欣喜。有四个孩子性格比较内向，有些胆小，不能主动和外人交流。我们在和家长交流后得知，这些孩子在幼儿园上学时因为胆小而变成了"闷葫芦"，只有在比较放松的状态下才能够正常交流。

问题解决策略：多给小"闷葫芦"提供表现的机会。

一般情况下，班主任会将性格反差较大的学生安排坐在一起，期待性格外向的"小麻雀"能够带动性格内向的"闷葫芦"多说话、多交流。不同性格的孩子组成小团队，性格和行动互为补充，相得益彰。同时，把小"闷葫芦"安排到需要通过充分交流才能更好地为同伴提供服务的岗位上去，也不失为转变学生的有效策略。

2. 特长培训

通过对调查表的汇总分析我们发现，有78%的学生都曾经在幼儿园或培训机构接受过特长培训，参与的项目包括钢琴、小提琴、舞蹈、跆拳道等；女生中已有舞蹈学习经验的较多；班上有一位男生特长突出，在市内大型比赛中获过奖，有多次主持的经历；很多学生家长反映学生体育水平较差。

问题解决策略：自主选择感兴趣的课程。

很多家长询问学校是否有培养和发展孩子特长的课程。建议家长根据孩子的爱好，合理选择课程，不荒废，不固守，让学生广泛地接触感兴趣的课程，实现全面发展的良性循环。

建议正在学习舞蹈的学生，自主组成班级舞蹈社团，经常组织活动，排练节目，为班级各类演出积累节目素材；对于已有良好功底并有大型活动经验的主持人苗子，班主任会推荐给学校电视台做节目主持人，为学生新的腾飞打下基础；针对家长普遍反映的学生体育水平较差的情况，班主任会通过大课间组织集体训练项目、每天晚上布置体育作业等方式，督促学生养成锻炼身体的习惯。

3. 拼音和识字水平

我们通过家长们的反馈了解到，班上52%的学生在幼儿园里接触过拼音，两成左右的学生拼音掌握程度较高，不仅能够认读简单的声母、韵母，而且能进行简单的拼读练习。与之形成鲜明对比的是，48%的学生完全没有接触过拼音。班上60%的学生有一定的识字量，能够认识生活中很多常见字。其中，约15%的孩子识字量相当可观。同时，班上有30%的学生没有识字量的积累。从问卷调查的数据可以看出，学情起点差距较大，有待制定具体策略。

问题解决策略：加强拼音运用才是硬道理。

不要仅仅满足于孩子学会认读拼音，更重要的是让他们学会拼读音节，进而带动对生字的学习。熟练运用才是硬道理！学情调查反映出了明显的学情差距，传统的教学方式显然需要调整。班主任可以在学期初组织学生形成帮扶小组，通过多样的小组活动，促进学生之间的互帮互助，以有效减小学情差距。

（二）特色工作做什么

班主任不仅要思考当前的常规工作，还要明确特色工作。特色工作应发挥自己的特长，借助可利用的社会资源，助力学生长远发展。无论什么样的活动，最终目的都是促进学生的身心健康发展。设计特色工作，可以尝试从以下几个方向思考。

1. 源自班主任特长的设计

我们要充分地认识到，班主任的特长本身就是一种最有用并有待放大的资源，也是班主任打造自身特色的利器。从这个意义上说，打造什么样的自身特色，不是求教专家或导师的结果，而是对教师专长等自有资源的认真审视和有效利用。

比如，若美术老师担任班主任，就可以根据自己的特长，在学期初设计"教室装修DIY"活动，学期末还可以设计自己班级的美术作品成果展；特别擅长语言艺术的老师，则可以充分发挥自身的特长，在每次班会课上组织学生演讲、辩论，或利用课余时间培养小主持人，让其在班会、校会上展示风采。设计班级特色工作一定不要好高骛远，应根据自身特长，尝试做些有特色的小项目，小试拳脚后再拓展项目也不迟。

2. 源自家长资源的设计

家长资源是班级独一无二的财富。通过前期多种形式的调研，审视并有效转化家长资源，是提高班主任领导力的又一有效路径。例如，我的班上新转来了一个刚从日本回来的学生，学生的妈妈是一位家庭主妇，日语非常熟练。经过和她的一番商量，我们开设了有关"日语口语"的小课程，非常受学生的欢迎。

值得注意的是，不一定非得是高大上的家长资源才是班级特色活动的首选。有职业特色的家长、有一技之长的家长、有服务热情的家长，都可以帮助推动班级特色工作有效开展。

3. 源自时令特点的设计

贯穿每个学年的节假日，是开展班级特色活动的广阔舞台。无论是开展社会实践，还是组织系列团队活动，都很容易在一年中的各个节假日里找到合适的契机。例如，"三八"妇女节时，我们开展了"网络秀妈妈"活动；重阳节前，班级分派学生采访长辈，组织撰写亲情文章"外婆的故事"……

同时，班主任还可以在此基础上，开展系列"主题活动周"，把相关的活动做得更加深入细致，做出内涵和品质。

4. 源自学校重点工作的补充设计

学校对重要活动项目的设计，往往是站在比较宏观的层面上，在很多细节上会有意留出空间，有待一线班主任丰富并完善。班主任围绕学校重点活动进行补充设计，很容易脱颖而出，在形成班主任自己的特色的同时，也是对学校课程体系的有益补充。例如，学校在"六一"儿童节开设了全校同学都参与的跳蚤市场，我们可以从完善市场制度、模拟市场角色等角度，对活动设计加以完善，这对于整个活动的顺利开展无疑是具有推动作用的。

[附：特色活动规划]

××小学一年级（11）班特色活动规划

1. 有关学生管理

博客冬令营：过传统佳节，诵经典美文。带领学生绿色上网，快乐交流，同读国学经典，共享佳节欢乐。

读书长廊的布置及监管："我的地盘我做主"，在二楼走廊平台打造开放的读书空间，让学生在娱乐休闲时间随时随地有书籍陪伴。

2. 有关家校沟通

行业故事系列讲座：约请多个行业的家长讲述行业内的精彩故事，开启学生的职业生涯教育。

"Happy Ball"球艺竞技亲子活动：在第二个家长开放日，通过亲子活动促进学生养成体育锻炼的习惯，倡导家长陪伴孩子共同成长。

3. 有关师生共同成长

坚持撰写"爱上小不点儿"教育故事集：班主任忠实记录孩子的发展轨迹和成长故事，每周五定期和家长分享快乐，分享成长。倡导家长和孩子在共同经历中彼此滋养。

坚持写读书笔记：品大师经典，写自我感悟，将书中的精华转换成自己的教育智慧，正所谓"老师好好学习，学生天天向上"。

（三）梳理工作更清晰

一份经过充分预设的班级规划，可以帮助班主任明确心中的大目标，明确德育工作的轻重缓急，避免工作中出现混乱应付的局面。

　　理清每周、每月的工作规划，能够帮助班主任在开学时对学期全局增强掌控感。具体可参见2016年秋季班级工作计划。（见下表）

2016 年秋季班级工作计划

班级工作计划	九月第一周	学校活动	"小鬼当家——我的假期生活"展示会
	九月第二周	学校活动	教师节互换角色活动
	九月第三周	学校活动	手工墙报 DIY
	九月第四周	学校活动	"我爱你，中国"主题班会
	十月第一周	班级活动	国庆假期——采访我的姥姥
	十月第二周	班级活动	"姥姥的故事"主题班会
	十月第三周	班级活动	成立"姥姥的故事"宣讲团，进行校内演讲
	十月第四周	班级活动	制作"姥姥的故事"主题展板，在楼层小规模展览

（四）拓展资料添便利

　　学校日常工作的内容较多，所以班主任在拟订班级工作规划的时候，可以搜索与班级活动相关的资料，将其做成资料袋，如中秋节的来历、风俗习惯等。准备充分可以为平时的德育工作顺利开展提供便利。

　　班主任在拟订班级规划时不妨增添这样几个附件。

　　附件1：教师节角色互换活动方案。

　　附件2：重阳节"我的姥姥"特别行动方案。

　　附件3：立体手工墙报的几种制作方式。

　　附件4：《我爱你，中国》PPT。

　　……

　　一份经过深思熟虑的班级规划，不再是为了应付差事的作业，而是班级工作的"学期纲领"。班主任要将学校要求完成的任务和自身特色活动相结合，两条线并行，拟订自己的班级工作规划。开展班级工作不能只停留在见招拆招的层面上，班主任需要提前备课。在这个环节上多花一些时间也不要介意，它能让整个学期的工作纲举目张，从容有品。

三、备齐物资，为开学做好准备

班主任还应着力布一个"物资到位，清洁美观"的环境的局。基本物品按时到位，保障顺利开学是关键；清洁、美观是布置教室的基本目标；放几盆绿色盆栽是最简单有效的装饰点缀；黑板上的欢迎图画是最温馨的情感表达；文化墙上虚位以待的作品展示空间是最值得期待的田园……

初步摸排了解学生情况，系统规划班级工作，物资到位教室环境一尘不染。班主任们站在这样的教室里，可以满怀信心地期待在家长会上的首秀，踏踏实实迎接平稳开局！

（一）列出清单，配齐用品

工欲善其事，必先利其器。将教室内必备的常用物品列一份物资清单，并根据清单到学校后勤部门领取相关的工具，清洁工作才能顺利开展。

常用物品清单参考如下：

①讲桌用品：黑板擦一个，白粉笔一盒，彩色粉笔一盒。

②卫生用品：扫帚6把，拖把2把。

③备课用品：课本，教学用书，生字卡片。

④批改作业用品：红色笔芯和黑色笔芯数根，套装尺子。

条件允许的情况下，班主任还可以尝试自备一个工具箱，在上述常用物品清单的基础上，增加以下物品，能为教学工作提供更多方便。

①粘贴类物品：胶水、胶棒、双面胶等，常用于教室的布置。

②奖励类物品：小红花、印章、表扬信等，常用于批改作业。

③归置类物品：订书机、风琴文件夹、剪刀等，常用于收拾整理。

④个人物品：小镜子、指甲刀、创可贴等，主要用于教师或学生的突发情况。

（二）准备家长会所需物品

为家长会的顺利召开准备相应的物品，也是开学前重要的准备工作之一。建议班主任联合年级里的其他教师分头准备，以减少工作量。

1. 准备班级课程表和作息时间表

为每位家长复印一份班级课程表和作息时间表，这个工作看似可有可无，实际上十分重要。班主任可以利用此表说明自己哪些时间方便接电话，哪些时间因为上课原因不方便被打扰，以保障教学工作正常、有序地开展。

2. 准备班级任课教师"大名片"

班主任可以将语文、数学、英语等科任老师的联系方式做成班级"大名片"，发放给家长，这既体现了班级教师合作团结的整体风貌，也能避免出现家长排队提问、教师——解答的混乱状况。

3. 准备学情调查后的建议综述

班主任前期花费了很多精力进行的学情调研，此时一定要充分加以利用。班主任应针对调研过程中发现的共性问题，如入学焦虑、学情差距大、性格差异等，一并给予专业性的解答。家长在阅读综述时可以感受到教师的专业水准，减少在家校磨合期的疑虑。

4. 准备"新生家长须知"和收费单据公示表

学校通常会统一发放"新生家长须知"和收费单据公示表，班主任只需按时发放到位并按照学校要求回收即可，这是在家长会上首先要完成的工作。

（三）建议家长为新生准备的物品

对于新生需要准备哪些学习用品，班主任可以给家长提供一些建议。班主任给家长提供选购物品的建议时，可以帮助家长比较一下不同物品的实际使用效果，让他们更好地理解选择的缘由。建议主要包括以下几部分内容。

1. 书包减负从选购文具开始

家长在选购文具用品时，若贪多求全，会在不经意间给学生带来不必要的负担。

（1）书包本身的重量要轻一些，肩带过宽的书包背起来更束缚。书包左右两侧应配有网兜，孩子可以把小水杯放在两侧。

（2）购买水彩笔时如果盲目追求色彩多而全，动辄几十种颜色的大盒子会给学生的书包形成负重。12 种颜色的圆塑料筒彩笔就足以满足基本需求了。

（3）功能繁多的双层（或三层）文具盒很吸引眼球，但实际上比布袋文具盒重多了。购买功能齐全、重量适中的文具盒即可。

（4）现在超市里的自动转笔刀虽然很漂亮，但是自重太大。小个头转笔刀效果一样，却要轻很多。

2. 课堂习惯和文具选择有着微妙的联系

五颜六色的文具对于低年级的小朋友而言是一种无形的诱惑。选择不太花哨的物品可以对孩子在课堂上养成认真聆听的习惯起到一些帮助作用。

（1）文具盒的功能少一些，层数少一些，能够减少孩子在使用文具盒时翻找物品的时间，孩子使用起来也更加方便。

（2）包书纸上花花绿绿的动漫图案遮挡了书的封面，孩子选用教材时不太方便。一些包书纸上有香味，我们已经从新闻报道中了解到这可能是有害的，家长更应特别留心。

（3）过小的橡皮使用起来既不方便，效果也不好。大小适中的橡皮才方便握持。橡皮的形状不要太过卡通，否则会分散孩子的注意力。

（4）家长可以多买几支 HB 铅笔存在家里。买一样的铅笔的好处是学生若不慎丢失铅笔辨识更方便。在低年段班级，遗失的东西摆在讲桌上常常无人认领，因为小朋友们搞不清楚是不是自己丢的。

（5）每天给孩子削 5 支铅笔，鼓励孩子用完一支铅笔后用短笔头换新铅笔，培养孩子勤俭节约的习惯。

3. 根据学生年龄特点选购用品

（1）对铅笔的需求：不建议低年级学生选用自动铅笔，自动铅笔笔芯过细，孩子使用时对轻重掌握不好，笔芯容易断。其实，整个小学阶段都不建议学生使用自动铅笔，毕竟这是孩子学习写字的重要阶段，自动铅笔笔画较细，不易写出笔锋。

（2）对图书的需求：对低年级学生而言，多图少字带拼音的读物是比较合适的。不要买大部头的图书，会增加孩子的负担。可以买几本小册子，既可以让孩子自己看，也可以换给新同学看，帮助其结交新朋友。

（3）对舞蹈鞋的需求：购买脚面有松紧带的舞蹈鞋较为合适，既不挤脚又十分安全，而系鞋带的舞蹈鞋则有跳舞时松脱绊倒孩子的风险。

班主任利用开学前的家长会发放类似的"新生所需物品建议"，再适当加以提示，可以让家长准备物品时有的放矢，避免出现很多学生在开学后仍然缺少学习用品影响正常教学秩序的情况。

新生所需物品建议

类别	主要物品	是否备好
学生基本用品	1. 书包、文具袋、包书纸或书皮	
	2. 铅笔（5～10 支，HB 最佳）、橡皮、小转笔刀	
	3. 舞蹈鞋、运动鞋（常备）	
	4. 圆筒形水彩笔、垫纸板（与拼音本一样大小的纸质板）、直尺	
	5. 拼音读物（或绘本）两本	
报到必备材料	1. 录取通知单	
	2. 两张 1 寸照片、一张生活照	
	3. 体检表、接种卡、接种证	
	4. 学生户口页复印件	
	5. 小水杯一个	

续表

类别	主要物品	是否备好
住读学生生活用品	1. 必备用品：小号行李箱	
	2. 常备用品：一周换洗衣服、睡衣、拖鞋	
	3. 时令性用品：如小瓶花露水等	
	4. 每日用品：梳子、两条小方巾	
	5. 选备用品：行李牌	

开学前要准备的物品虽然项目繁多，但也有章可循。按照文中的提示，列齐三类物品清单。教室日常用品集中申领或添置，开家长会所需物品与年级老师分头准备，提前向家长发放清单并做好提示。一切都井然有序，可以很好地开启新学期的工作历程。

四、开学前新教室里的"五到位"

班主任要加强对学生的服务意识。开学伊始，整理美化教室，布置一个整洁舒适的教室环境，是保证开学后工作顺利开展的必要条件。趁着孩子们还没到校，挽起袖子，开始劳动吧！等一下，第一时间甩开膀子开始干活儿的班主任，未必是思路最清晰的班主任。关注新教室的"五到位"，抓住重点，才能让开学准备工作有条不紊地进行。

（一）清洁到位，清除死角

打扫卫生时不要忽视一些细节。扫地、拖地、擦桌子等基本工作完成后，清理卫生死角是提升教室干净指数的必要手段。做完教室大扫除后，要仔细关注一下教室里容易被忽视的位置，逐一清理。

教室中哪些地方是最容易被我们忽视的呢？

桌凳容易出现的死角：抽屉的里侧内角、桌凳腿儿及桌凳下方。

教室空间易出现的死角：每块窗户玻璃的四角、教室前后门上方的横栏角落及垃圾桶附近的墙壁。

黑板附近容易出现的死角：黑板上方木边条的积尘及黑板粉笔灰槽的粉尘。

（二）物品到位，注重规范

小事不小，将教室物品及时、正确归位，是保障开学后基本教学秩序的重要工作。

1. 课堂用品归位

讲桌上的粉笔盒、黑板擦、座次表、磁性贴等要有序排列，等待新学期铃声响起便可以投入使用，还可以放一盆小绿植作为点睛之笔。

2. 卫生用品归位

教室后面的扫帚、拖把、垃圾篓要整齐地堆放在一角，缺一不可。

3. 温馨提示归位

温馨提示包括缴费、保险、安全提示等，不要小看这些，是否在全体家长和学生那里将这些提示落实到位，决定了我们能否在开学后保持正常的教学秩序。

4. 文化建设到位

开学前，班主任要把班级文化墙中的栏目精心设计一下，将年级公共项目、班级评比项目、学生展示栏目的设计内容全都考虑进去，还要预留出展示孩子作品的空间，让孩子走进教室后自然而然产生对新学期的期待。学生正前方的黑板上欢迎孩子们到校的主题图和标语也应装饰一新。

营造清爽温馨的教室氛围，对学生"心"的回归能起到良好的促进作用。班主任要逐一检查，若有遗漏，要在开学前补齐。

（三）情感到位，传递温馨

黑板上的欢迎辞是教室留给孩子的第一印象。可以用艺术字写上"欢迎你，新同学！"，再用简笔画勾勒出欢天喜地去上学的学生的笑脸，用气球和鲜花作为装饰图案。

精选一支轻快而温馨的曲子，制作一两页精美的 PPT，在班级电脑中滚动播放，让孩子们在美好的音乐和图片中开启新的学期。

如果条件允许，还可以为孩子购置一个置物架，将书本和杂物摆放得整整齐齐。

我们还可以提前把学生的课本、作业本一一发到课桌上，按照从小到大的顺序摆得整整齐齐，放在课桌的一角。这是我们为孩子做的课前准备示范，让孩子一来到教室就可以坐下来翻开散发着油墨芳香的新书。这样，在报到的第一天上午，当其他班级还在忙着发书本时，你已经带领学生开始交流和阅读了。

在孩子们返校的时候，班主任应主动挥手致意，向学生问好。这些传递情感的细节是很好的示范，能起到带动学生重视礼仪规范的作用。

（四）亮点设计，创造惊喜

学期伊始，我们在布置教室时还可以尝试创造一些小惊喜，让孩子们刚一走进教室就恋上这个"家"。

若是新生班级，班主任可以把学生和家长一起旅游的照片、学生的全家福等，在教室外的文化墙上美美地张贴出来，让学生出入教室都能感受到来自家庭的温暖。如果教室内有立柱，可以充分利用空间，买一些相框，把全体师生的全家福和班级活动的照片张贴出来，营造大家庭的氛围。

教师甚至可以绘制一张提供教师的姓名、特长、电话号码等信息的名片，作为送给新生家庭的第一份礼物，也不失为拉近家校距离的有效方法。

（五）提示到位，醒目告知

班主任在报到当日常常忙着应付家长的各类问题。班主任可以围绕家长最关心的一些基本问题，将基本信息做成"三表"（分别为课程表、座位表、收费公示表，各地略有差异）在显眼的区域张贴出来，方便家长查询和了解。

可以将一些重要的事项，比如当日要交的作业等，提前工整地写在黑板的一角，有效减少家长对相同问题的反复询问。

在时间允许的情况下，还可以增加一些更具专业性的内容。比如，开学初如何帮助孩子收心等，这都是能体现班主任专业水平的细节。

重要的事情再说一遍！与其花五十分钟忙乱无序，不如花五分钟列表整理。抓住这五个要点，让新教室里清洁无死角，物资有保障，亮点有惊喜，情感有体现，提示有重点。无声的教室也能默默彰显班主任的工作品质。不妨试一试吧。

第二节　轻松收心，有序报到

一、其实我才是开学综合征最严重的那个

这些年我在开学前做过许多噩梦，大抵有这些情节：

在考场上，考试结束后学生抓着考卷不肯交给监考老师；

新生来到我们班上后跑丢了，我满世界找人，最后连警察都出动了；

我回到中学校园去找初中的老同学，但满校园都黑着灯，没有一个人……

这样的梦，载着满满的心理阴影。开学前，我拖着沉重的脚步，伪装好后去上班……

教师收心，不等不靠。能不能通过自我调适改变心态，带着满满的正能量开启新的学年？这成为我心头的一个疑惑。

到底有哪些方法可以帮助教师克服开学综合征？

（一）不可忽视的能量进补——炖点儿鸡汤

读点儿励志而不矫情的文字，重燃内心深处对教育的热情，这样的阅读进补，也许可以成为点燃内心动力的那根"火柴"。

生涩的读物会让人抓狂。要读和自己消化能力相匹配的书，让自己先有手不释卷的状态。起点低一点儿，才能顺利开启开学前的阅读。

我沉浸在《教育的目的》中，来启发自己回到教育的原点，思考教育的目的和学习的方法；我浸泡在《精要主义：如何应对拥挤不堪的工作与生活》中，来帮助自己提高效率，学会取舍，摒弃琐碎，直抵精要。

即使是用手机进行碎片化的阅读，也不无裨益。我从权威机构官方微博发布的政策或大咖新作了解前沿动态；我遴选国内教育机构官方微博提供的接地气的育人策略，在朋友圈中与家长分享，共同学习。

（二）不可忽视的热身运动——扫除力

没有状态工作的时候，我就开始收拾东西。擦拭玻璃，整理房间，浇花喂乌龟……这不是高喊"一室之不治，何以天下家国为？"的口号。一个干净的环境，一个干活干热了的身体，可以帮助你消除压力和不安。大扫除改善的不仅仅是环境，增强扫除力可以帮助调整心态、去除杂念。

清理电脑桌面，是提升扫除力的第二战场。阅读过的文档、下载过的图片、尝试过的软件……两个月过去了，电脑桌面上充斥着凌乱的电脑垃圾。该归置归置了，将重要文件归入相应的文件夹，及时删除无用文件。顺便列一份简单的写作规划或者阅读规划，去感受起点阶段跃跃欲试的心情。

擦干净家里的健身自行车，放上喜爱的快节奏音乐，骑上二三十分钟，去体验久违了的潮热出汗的感觉。用体育锻炼来促进神经系统特别是大脑的高效工作。

（三）不可忽视的思维体操——研究师生

花点儿时间研究自己，是有益的思维体操之一。要充分认识到，教师的特长本身是一种最有用并有待放大的资源，也是教师营造自身特色的利器。教师要从"自知"到"自比"再到"自评"，逐渐发现自己，找到生长点。教师打造哪些自身特色，不应只是向专家或导师求教，而是要对专长等自有资源认真审视、有效利用。自己才是自己最好的老师。教师可以根据自身特长，尝试做些课程的设计，小试拳脚后再拓展其他项目。也许新的专业化发展的道路，就在自我诊断过程中又往前推进了一步。

花点儿时间研究学生，当然是必要的思考步骤。教师不研究学生的学情，就好比没有问诊就乱开方子，对症下药便也无从谈起。充分地研究学情，才有可能在学生心智发展的不同阶段，采用不同的课程、不同的教学方式。条件允许的话，不妨在"问卷星"等平台做些网络学情调查，或者去几个学生家里进行访谈，利用调研、访谈的数据为下一步开展课程设计提供有力的支持。

（四）不要留下的小小遗憾——心愿未了

面对所剩无几的假期余额，教师要回避充满了负能量的"抓狂心理安慰会"，因为过多的倾诉只会让内心更加恐惧和抵触。

但是，也不必刻意压制自己内心的愿望需求，我可不想开学后心里还觉得欠着自己点儿什么……

在暑假两个月的时间里，更加精当合理地安排时间，了却开学前的小小心愿也非常重要。叫上爸妈把一直没去做的年度体检给做了；花点儿时间精心选购一下一直想给女儿买的读书装备，让孩子也对新的学期充满了期待；有几个一直想要约着喝茶聊天的朋友，不妨马上约起，去茶馆泡上一杯我最喜欢的红茶；熨烫好校服，理一个喜爱的新发型，打扮得美美的，以最好的精神状态等待开工……抽空满足一下自己未了的心愿，在淡定自若中培育一份平静而美好的心情，期待着和新学期的再次相逢。

（五）不要忽视的角色定位——能量传播

作为教师，我们不仅要关注自己的状态调试，还要提早介入学生的状态调试。

开学前，教师在朋友圈中晒出的充满正能量的信息，无形中会对学生家庭产生巨大的影响。教师逐步恢复和家长的简单沟通，和孩子们互致问候，都是一种有效的带动措施。班主任可以精心遴选网络上各种有指导意义的收心策略，将其分享到家长圈中，温馨提示学生家长提早做好开学准备，这些工作都在默默发挥着教师的影响力。

逐步在做事中加快节奏，在做事中回归常态，让自己慢慢"跑"起来。这样，教师如何在开学前有效收心便不再是"无解之谜"。

二、四大法宝拯救开学"懒羊羊"

刚开学时，有的孩子还停留在假期里的状态，俨然变成了"懒羊羊"。学生常常哈欠连天地赶到学校，班级里学生迟到的情况频发。针对这一问题，班主任可以提前思量，提早干预，帮助学生有效调整状态。

（一）家校合力，平稳收心

1. 提前开始逐步收心

假期里，很多家庭对待小学生的基本态度是，只要完成了作业，就允许他们痛痛快快地玩，不过多约束。开学后，这些"玩疯"了的孩子收心特别困难。班主任可以在开学前一周，用发短信或邮件的方式，主动和学生家长联系，将给孩子收心的教育设想及时告知家长。比如，提示家长要做好开学准备；提供帮助孩子收心的方法；提前和家长沟通，要求其尽量减少安排太过喧嚣的娱乐活动；加强和孩子的沟通，让孩子的情绪和习惯都能平稳过渡。

2. 提前调整小闹钟

开学后，早上起床是让"懒羊羊"们倍感困难的一件事，许多孩子已经在假期里养成了睡懒觉的习惯。这时，班主任可以建议家长提前三五天帮助孩子逐步调整生物钟，有计划地每天提早一点点起床，例如，今天8:00起床，明天7:40起床，逐步回归到合适的时间段。

3. 郑重对话新学期

班主任可以建议家长充分肯定孩子在过去一年中取得的进步，寻找孩子未来的成长点；召开家庭会议，制定出新一年的成长计划，例如，计划读多少本课外书，学习哪门特长，养成哪些良好的习惯……同时，也可以制定相关的褒奖政策，让孩子明确自己的奋斗目标和方向；还可以培养孩子有计划地做事的习惯，让他带着心中的规划开始新学期。

4. 提前做好准备

班主任可以建议家长登录人民教育出版社的网站，和孩子共同查阅新的课本，讨论课本的内容，共同为课堂学习预热。开学前，家长应适量减少外出活动，带着孩子逛逛书城，采购一些和各科学习相关的教辅资料及课外读物，为新学期做好准备。同时，家长应每天固定安排一段时间和孩子共同阅读，让孩子逐步从假期的喧嚣中脱离出来，以达到收心的目的。

（二）开展有趣味的活动，巧妙收心

开学前后，可以通过班级讨论或者家庭讨论的形式，由老师或家长陪伴孩子总结梳理假期中的收获，制作小报或书写心得，然后在班会课上做交流。还可以举行简单的告别假期的班会活动，通过仪式感较强的班会活动让孩子们有正式回归校园的心态。

1. 治理"土豪"商理财

春节过后的新学期和九月份开学的学期有一个显著的不同，那就是每个孩子都挣到了数目不等的压岁钱。这些可以自由支配的零用钱让小朋友的心蠢蠢欲动。一到下课或放学，他们便常常飞一般地冲向小卖部。甚至，还在课间私下攀比谁的压岁钱更多。若不能妥善处理压岁钱，学生心思难安，难以在开学后及时收心。所以，及时和这些小"土豪"们共商理财，成为春节后让学生收心的必要步骤之一。

班主任不妨利用班会课时间进行这项活动，还可以请家长来讲讲理财。班主任还可以教小朋友们一些实用的理财方法，比如开设专属账户，记录每笔支出，参与一些简单的家庭预算等。重要的是，在活动过程中不要忘记帮学生收心的主旨，同时要阐明大手大脚的行为给学习生活带来的消极影响。

2. 签订新学期合同

开学前后，班主任可以拟订一个开放式的新学期合同，既对学生在新学期里的基本习惯提出共同的要求，也给学生个性化的目标留出足够的空间。学生通过小组合作的方式，分别设立自己的短期目标和学期目标。师生在课上以签约的趣味形式，制定出学生认可的奖惩措施，共同签下新学期合同，帮助孩子收心。

我从同事那里得到启发，尝试让男女生互相为对方订立公约，即男生制定"女生公约"，女生制定"男生公约"。这个想法一经提出，班上立刻炸开了锅。经过学生的讨论和修订，班上的男生和女生代表分别起草了"女生公约"和"男生公约"。"男生公约"的内容包括："戒教室暴力，要女士优先；戒两面三刀，要诚心待人"等。"女生公约"的内容则包括："戒当女汉子，举止要文明；戒当小气鬼，待人要宽容；戒当大懒猫，勤奋又用功"等。这充分发挥了学生群体的作用，让良好的行为习惯成为学生群体的自觉约定。

3. 营造读书氛围

营造读书氛围是让学生静下心来的有效方法。第一天上课时，老师可以在常规训导后，带领学生浏览、阅读最受学生欢迎的课文，让学生在琅琅读书声中回归校园。还可以安排出专门的阅读时间，或者师生共同阅读，或者组织学生分享读过的好书，共同营造美好的阅读氛围。

4. 拓展训练凝聚人心

"懒羊羊"们除了行动迟缓外，还常常缺少团队精神。班主任们可以利用课余时间，集结自己的"部队"来一场拔河比赛，无论结果如何，赛出的是友谊，凝聚的是人心。同样，班主任还可以借助网络，搜索一些适合儿童的拓展训练项目。例如，合力传球、两人三足行、破冰起航、信任导航等，利用体育课时间进行拓展训练，借助趣味游戏的形式激发学生的团队意识。

（三）巧用评价，竞赛收心

在学校里，教师要特别关注学生在刚刚开学时的状态，尽量多开展一些趣味性强、参与性强的活动类课程，带动更多学生积极参与。同时，积极的班级评价制度也必不可少，积极的班级评价制度可以调动学生的积极性，提高学生的参与兴趣，使学生摆脱懒散的生活状态。

1. 成长笑脸墙

在我们学校，班主任们都喜欢利用班级文化墙空间，张贴每个孩子的日常行为评比表格，同时邀请其他科任老师用贴"笑脸"或者"小红花"等评比形式，激励孩子在课堂上更加活跃。文化墙上，每棵小树的下面都写着孩子的姓名，象征着孩子自己。每个在课堂上表现出众的孩子，老师都会送给他（她）一朵鲜艳的小红花，孩子们会把它小心翼翼地贴在自己的小树上，再三欣赏。孩子的进步赋予了树生命的力量。进到班级，看着这些小树，你仿佛能看到孩子稚嫩的小脚丫走过的成长足迹。

2. 过关卡

为了调动孩子们完成学习任务的积极性，避免因行为拖沓导致学习任务堆积如山，我们尝试使用过关卡：无论哪一个学科的学习任务，无论是单元检测还是一次课文背诵，学生完成学习任务后都能得到一张小小的过关卡，这是对学生的一种认可。学生往往高高兴兴地将其贴在书上，有时还能从家长那里换取一点儿小奖品。过关卡的设立，激发了学生的内在动力，不失为开学后调动学生积极性的有效方式。

3. 表扬信

班主任可以借助网上热卖的各种好看的"表扬信"，表扬孩子在日常学习生活中的闪光点。孩子们会把这些习惯固化下来，既能够影响自己，又能影响同伴。表扬信的价格在每张五分钱左右，有很多不同的花样，色彩鲜艳的卡通图案加上个性化的表扬内容，会令孩子们无比向往。无论是一篇精彩的习作，还是一次精彩的发言，抑或是有礼貌地向老师问好，孩子们所有积极的行为都可以成为表扬信的内容。

不容忽视的是，开学之初家长和老师从放松的假期回到正常的工作节奏中，很多家长和老师也存在一定的抵触心理，使得开学后的工作节奏缓慢，因此，提高成年人的自我调试能力，塑造阳光积极的榜样形象，也是对孩子们的有效带动！

三、告别手忙脚乱，报到当日静悄悄

以简约高效的步骤处理开学报到当日的工作，保证学生安安静静开学，这是稳步开局的必要环节。同时，可以让开学报到当日成为孩子收心入学的良好开端。

（一）报到收费分新书

1. 解释清，要公示

目前，多数学校已采用打卡收费的形式，但有些项目仍需班主任代收费。班主任要向家长清楚地说明收费项目明细、要交多少钱、收费用途及是否允许自由选择参加，也可选择在教室门口的文化墙上单独开辟空间张贴明细，供家长自行阅读了解。

2. 请搭档，来协助

班主任在报到当日事务繁多，一定要尝试合理借力。若此时坐下来收费，难以静下心来，容易出错。班主任可以尝试提前邀请自己的搭档，如数学老师、热心的家长等，协助完成收费这一项目，并在教室的一角腾出专门的区域，放置收费角，引导家长有序缴费。

3. 慢一点儿，多复查

少了一本课本，少收了五十元钱……这些小问题常常会扰乱老师们在报到当日的心情。特别提醒班主任们，慢一点儿，准一点儿，千万不要盲目追求工作效率。

如果学校可以提前领到新书，班主任们可以在每一位学生的座位上分好新书，甚至帮孩子包好第一本书的书皮。这样学生返校后，就为他们节约了分发书本的时间。

（二）收集作业早反馈

对二至六年级的班主任来说，收集学生的暑假作业并进行展览和评比，是在学生报到当日必做的工作之一。不要简单地一收了之，暑假作业及社会实践活动的完成情况是学生在假期里的学习状态的缩影。班主任应该花时间仔细阅读，做好学生完成情况的记录，例如，书写状况、是否有家长批阅、完成情况、有哪些特色……你会发现这也是一个了解学生的窗口。

将学生在暑假作业中呈现的新鲜事、特色事、感人事在班级内分享，无疑是报到当日课堂上颇受欢迎的内容，这既可以消除部分学生对新学期的抵触情绪，又可以让师生在快乐的交流中开启新的学习生活。

四、开好备受关注的第一场家长会

刚开学，一位已有班主任工作经验的音乐老师告诉我，她接手新班后要召开第一次家长会，这之前她了解到个别家长对她有些不认同，令她感到烦恼和忐忑。备受瞩目的第一次家长会，确实肩负着教师与家长形成初步的信任、家校间达成共识等重要任务，因此班主任需要提前思考和悉心准备，明确第一次与家长见面时自身形象的定位。

召开家长会是班主任的常规工作之一。注重精致的教育细节，以科学的思路构思每一次家长会，能让家长从中感受到班主任的专业与细心。特别是对新接班的班主任而言，在第一次家长会上做好充分的交流和沟通显得尤为重要。怎样让家长会开得从容并且有实效呢？

（一）家长会需要达成的目标

家长会是一节特殊的大课，是班主任与家长沟通交流的契机，也是获取家长信任、达成家校教育共识的重要环节。班主任要高度重视，充分准备，仔细思考自己在本次家长会要完成的主要目标，要向家长传递哪些信息，达成怎样的共识，或解决哪些共性问题。确定好了思路再拟定发言稿，争取让家长每次都有收获。

1. 与家长达成初步的信任是第一要务

班主任第一次在家长会上亮相，最重要的事情显然不是通知琐事，而是与家长初步达成信任。

在准备家长会文稿的时候，进行自我介绍的部分是非常重要的。要舍得花些时间，仔细审视自身的优势，明确表达的方式。

不要以为只有有资历的班主任才能获得家长的信任和青睐。处在不同年龄阶段的班主任各有优势：青年教师知识结构新，知识更新的速度也非常快，可以与时俱进；和孩子们的年龄差距小，可以更好地交流和沟通，做孩子们的好朋友。中年教师经验丰富，年富力强；老年教师认识深刻，行事往往规范细致。总之，不要以资历论高下。

特别是新接班的班主任，要仔细斟酌自我介绍的方式，告知家长自己的个人简历、专业特长、工作优势等，促使家长群体对自己形成初步的信任。必须提醒老师们，家长也是需要安全感的，这也是在首次交流的时候着重强调自身优势的原因之一。如果班主任只是毫无底气地宣布"这是我第一年教××课，我会努力"，只会让家长徒生忧虑，开始怀疑你的能力。一定要自信满满，因为你的优点不容置疑。

2. 对家长的纪律要求不容忽视

在首次家长会上，班主任要敢说纪律，敢提要求，对家长会本身的纪律更是要严格要求。若对各类迟到现象，甚至是会场中电话铃声此起彼伏的情况视而不见，会让随后每一次的参会效果大打折扣。

班主任不妨在家长会前温和而直接地向家长提出纪律要求，告知家长，为了保障家长会的顺利进行，请一定将手机调成振动，不要在室内接电话，甚至可以倡议家长和孩子们分成两个团队比一比纪律。遇到突然而至的手机铃声，不要当面指责，可以暂时中断讲话几秒钟，等待家长妥善处理后再继续进行。

3. 不要忽视理念和方法的分享

无论有多少事务性的工作要安排，都不要忽视教育理念的分享和传递，因为这是最能体现班主任专业化水平的环节。

仅把每一次的家长会当成专题性的通知事务会，是传统的保守思路。班主任应珍惜每一次的家长会时间，把家长会当成连续的家长培训时间，不断发挥班主任在家校关系中"平等中的首席"的重要作用，持续引领家长群体共同成长。路遥知马力，日久见成效。

班主任可以将学校的办学理念在家长会上分次讲解，促成学校办学理念落地生根；同样，也可以根据阅读和实践经验，把时下国内外先进的教育理念，或者有启示的可操作的家庭教育方法，抑或是和学校教育理念同步的方法拿到家长会上来与家长们分享，让家长在每次家长会上都能有所得。

特别值得一提的是，家长通常希望了解不同年龄段学生的发展特点及常见问题。如果班主任在每个学年的开端，组织专题讲解，甚至是针对某一类热点话题展开系列讲座，都是非常受欢迎的。

4. 简要进行事务安排

与上述内容不同，建议班主任在家长会前的邀约和家长会上的事务安排环节以简明扼要为主。

家长会正式开始之前，班主任可以准备温馨的邀请函或者信件，向家长发出正式的邀请，郑重地邀请他们。起草邀请信的时候要明确写出会议时间、地点、主要内容及回执。回执可以让你在第一时间掌握能够参与此次会议的具体人数，提前做好相关准备。班主任要预估家长的实际情况，做好和父母、隔辈家长或者保姆等不同类型家长交流的准备。

对于家长会上要进行的事务性安排，可以将重要的信息提前制作成PPT，或者打印出来分发给家长，以保证信息及时传递到位。

（二）家长会的氛围营造

成功地召开首次家长会，离不开良好氛围的营造。班主任在家长会前应考虑以下细节。

1. 整洁的环境

要尽量把教室布置得清新整洁，营造温馨的、利于家校交流的氛围。

2. 温馨的提示

家长会开始前，要在教室里播放轻音乐，在黑板上提早书写温馨提示。比如"手机请调成振动""请家长保持安静，做好孩子的榜样"。这样的温馨提示有明确的要求，能够使家长和教师更高效地沟通。

3. 全员展示

在教室或者文化墙上留出一个空间，展示学生的作业或者特长，让家长对学生的学业情况有所了解。

4. 美好的细节

你还可以推陈出新，创造出美好的细节。例如，让孩子在家长会前准备饱含深情的信件，在家长会上面对家长真情告白，这样可以让很多家长深受感动。

5. 简单的律动

带动几个孩子和家长跟着你拍手。反复几次，直到大家的注意力都转移到你这里。也可以进行一小段律动，让大家简单活动一下。无论是进行哪种热身活动，都要注意强调纪律。

对班主任而言，开家长会虽然是家常便饭，但是也需要形式上的创新，以调动家长参与的积极性，提高家长的参与热情。

（三）多样的家长会

有着不同目标的家长会，形式也应各不相同。有所创新的家长会形式，会让家长朋友感到耳目一新。

1. 情况介绍型家长会

一年级新生的班主任需要利用家长会这个平台，宣传学校的教育理念及常规教育的措施方法，通过介绍使家长对学校的教育理念有所了解，真正地理解学校教育的培养目标，达成家校共识。

在学校进行完重要的活动后，班主任还可以召开小型家长会，进行成果汇报和精彩瞬间回放，分享学生的精彩表现。

2. 专题型家长会

在班级管理的过程中，班主任凭借敏锐的眼光会发现一些学生身上的共性问题，例如，喜欢攀比、情绪躁动等，这时就需要召开小型家长会或网络家长会，提出问题及解决策略，以得到家长的配合。

专题型家长会主要是针对学生在校内外出现的问题，目的是与家长一起讨论和研究具体的解决方法。例如，"有关学生写作的家庭辅导建议""杜绝攀比从现在做起""特长孩子的培养方式"等，都是专题型家长会。专题型家长会的针对性非常强，对家庭教育有着良好的指导作用，非常受家长的欢迎。

3. 互动型家长会

班主任要注重对学生情商的培养。组织互动型的家长会，如"亲子运动会"或者"亲子开放日"等，可以带动更多的家长参与亲子活动，同时，对于团队凝聚力的提升也有裨益。本书中所提到的"亲子阳光健身活动"就增进了学生和家长的情感，增强了班级的凝聚力，深受学生和家长的欢迎。

4. 网络家长会

无法在学校召开家长会时，网络家长会也是值得一试的家长会形式。班主任召集家长在某一时间里通过手机或网络平台同时在线，班主任从教室家长会的主要发言人，变身成为网络会议的主持人。召开网络家长会，班主任可以发布文字信息，还可以尝试在每个环节邀请家长展开讨论。凭借网络平台的便捷优势，网络家长会可以为更多家长表达观点提供可能性，同时，也为未能按时参会的家长提供了随后补课的便利条件。

这里仅仅介绍了家长会的几种形式，究竟使用何种类型，要由会议的目标指向决定。班主任要以灵活的头脑和务实的态度来做出选择。

（四）助力家长会成功的加分细节

准备和召开家长会时，班主任不仅要有一颗爱心，还要重视很多细节。

1. 关注外表和着装

要知道，我们对他人的第一印象是建立在外形基础上的。得体、大方的着装可以让家长对你产生信任感。班主任可以站在门口迎接家长并做简单的自我介绍，可以在正式讲话之前先和家长们聊几句。这可以为你之后的发言做好铺垫。

2. 注意你的仪态

班主任在说话的时候要始终诚恳地看着听众，用目光与家长进行接触，不要忽视任何一个人。语言要亲切、幽默、有趣且富于变化。话语亲切，表现出你是和家长一样的普通人，可以缩短你和家长的心理距离；语言有活力，表现出你的信心和热情，让家长知道他们的孩子是在一个负责任的好老师的班级里；语言幽默可以让你和家长都轻松一点儿，活跃气氛，但尽量不要随便开玩笑；讲话时还要注意不时变化语调、语速、音高和频率。千万不要照本宣科，这样做会令家长感觉你不够真诚，信心不足。

最后就是练习了，在教室里练，在家里对着镜子练……当然，如果家长会有小的瑕疵也没有关系，相信你一定一次比一次更成熟、更从容。

时代在发展，学校也在不断进行着形形色色的改革和创新。家长会不必拘泥于老师包场的一言堂形式。班主任应大胆地进行科任教师、优质家长团队的资源组合，通过人人参与、体验互动、交互启发等形式，不断丰富和完善家长会的召开形式。墨守成规只会死气沉沉，班主任不妨大胆地尝试吧！

（五）家长会讲稿范例

在不同阶段召开的家长会，内容侧重会有所不同。下面几个家长会讲稿，供大家参考。

1. 新生入学后第一次家长会发言稿

亲爱的家长朋友们：

很高兴认识你们，我们将共同开启新的教育历程。

每逢这个时候，家长朋友都会纷纷在朋友圈中，倾诉着在幼小衔接阶段的焦虑情绪。孩子一生要经历不同的阶段。每逢转段，必然会遇到两种学习模式之间的切换问题。但事实上，小学生的适应能力是远远超出家长预估的，也许只要三两天的光景，他们就已经结交了新的玩伴，欢天喜地投入到新生活了，而家长尚未从各种纠结的心态中回过神来。

在这个过程中，比孩子更不适应的是家长。因此，只有家长平稳过渡，孩子才能顺利完成从幼儿园到小学的过渡。关于家长如何调整自身心态，我有如下几条建议。

一、慌啥？不要让孩子承接你的焦虑

首先，家长要保持心态平和。与幼儿园不同，小学从一入学开始就有了明确的学习任务。如果您的孩子属于学前零基础的状况，家长要认识到，需要一学期甚至更久的时间来缩小孩子与其他同学的差距。基本上在孩子步入中年段前，这种学情差距会拉到基本持平。家长需要有更好的定力和耐力，不要把这种焦虑的心态转化为对孩子的责骂，踏踏实实地陪伴孩子学习生活，不要唇枪舌剑增加孩子的挫败感。

二、学啥？不要以为小学没有专业性

《12道小学神题，来看看你毕业没》《盘点让人崩溃的小学神题》……网络上这样的新闻屡见不鲜，大家往往把问题归结为小学教育出了问题。而事实上，无论是幼儿园还是小学，都具有一定的专业性，这一点常常是为大众所忽视的。

"b的第二笔笔画名称是什么？马的第二笔笔画名称是什么？……"也许从孩子入学开始，就会出现类似的让家长头痛的问题。依靠回忆儿时接受教育的方式来教育自己的孩子，这样的家庭教育方式早已落伍了。

家长要明确一点，那就是不仅要学习小学生家庭教育的方式，就连小学阶段的一些基础知识和内容，也都要重新学习。

表达亲情的最好方式是陪伴。家长要保持心态平和，和孩子一起学习，陪伴学生共同进步，做孩子成长的陪伴者和引路人，这样，很多问题都能迎刃而解。

三、赞啥？互相欣赏是最有效的家校沟通手段

我们激励孩子做得最好的阶段，就是孩子牙牙学语、刚学走路时，孩子的点点滴滴进步，都会得到所有家庭成员的交口称赞。

家长应保持这样一种心态，孩子每获得一点儿成长和进步，都应及时给予鼓励。不要每天紧盯着"还有几分才凑够 100 分"。若孩子辛辛苦苦得了 98 分仍然得不到家长的肯定，而是迎面一句："你看人家某某某，都得了 100 分，你要努力哟！"换位思考，谁听了都会心烦！相信家长来做同样的测试，也未必能保证做到完美。

同样，家长还要认识到，老师也是需要鼓励的。

在学生刚入学的这段时间，很多家长都会随时用审视的目光关注本班教师，去盯着他们的一言一行，教师偶尔改错的一道题目，都会成为家长质疑一个老师工作能力的证据。还有的家长常常打听邻班的教师的工作水平，固守着"老师还是邻班的好"这种心态。这样会削弱我们对于家校沟通的情感投入度。

事实上，不同年段的老师工作优势各不相同。每位老师具有不同的特点和特长，这是老师能带给孩子的独一无二的财富。擅长语言表达的老师，可以培养孩子们良好的语言能力；喜欢写作的老师，自然侧重于习作教学；即使是一个手机控的老师，也可能在互联网平台上闯出一片新天地。

越鼓励，越成功。对于孩子是这样，对于刚刚联姻的家庭和学校而言，更是如此。

家长在和老师沟通的过程中，应保持对学校的欣赏的姿态，不断向老师反馈对学校或班级工作的欣赏点，这往往会让老师增加动力，形成对家

长的认同。这种认同，可以润泽家校关系，形成和谐的家校沟通氛围。这种氛围的第一受益人，就是孩子。

放下功利心，放下焦虑感，平静地陪伴孩子，欣赏孩子的进步。此时，还有什么衔接是难题呢？我们都愿意陪伴你和孩子，携手走过一段新的历程。

最好的教育方式是陪伴。愿我们携手共进，真诚相约！

2. 常规家长会主题发言稿

拼爹就是拼用心，拼的是陪伴的质量

——四年级（11）班春季开学家长会发言稿

亲爱的家长朋友们：

学校的官方微信号上刚刚发出了一篇文章《走丢了怎么办？巴蜀家长给女儿的防走失漫画火了》。看到这样一幅父女共同创意，老爸亲自动笔的防走失漫画，也许有人会艳羡不已，最后情不自禁长叹一声：这真是一个拼爹的年代啊！

是的，面向未来的家庭教育，拼爹就是拼用心，拼的是陪伴的质量。

一个朋友送正在读一年级的孩子去城市里读书。把这么小的孩子送去上海读书，着实让父母纠结了一阵子。但是他们认定了目标，便一咬牙，开启了在上海的求学之旅。

如何在第一时间给予孩子更多的关照呢？身在区县的父亲想了很多办法来缩小时空上的距离。父亲买来同样的课本，一到周五放学，便从区县打电话给儿子，一课一课检查孩子阅读，抽查孩子的拼音掌握情况，还让孩子把电话开免提，为孩子逐词逐句地听写……随后在电话里称赞孩子获得的进步。

家长用这种遥控陪伴的方式，陪着普通话说不流畅、英语完全不会的儿子，平稳度过了入学的适应期，稳步开启新的学习生活。

为了培养孩子的阅读习惯，妈妈煞费苦心编造了一个"读书大富翁比赛"的"局"。妈妈告诉孩子，自己单位里举办"读书大富翁比赛"，读书最多获得第一名的小朋友，就可以得到 50 元奖励。好胜的孩子为了这

"巨额奖学金"欣然应允。于是，妈妈常常带回各类虚拟的伙伴阅读信息，"王叔叔家的强强刚读完了《森林报》，他已经积累了15万字了!""宏林阿姨的儿子暂列第一名!"妈妈隔三差五地发布信息，孩子的上进心被激发，孜孜不倦地投入到新的阅读书目中去。

孩子在一个夏天竟然读了接近100万字，"战胜"了所有小伙伴，力拔头筹。而妈妈的朋友也在与孩子见面时，配合妈妈再三表达着对"读书状元"的称赞。

……

一切都是那么朴素而美好，而每一步都出自一个非教育专业的家庭全心全意的爱的设计。名校不是保险箱，坚持良好的陪伴方式，才是为孩子成长购买的"定投基金"。

书城里，父亲带着女儿来到儿童书架。女儿席地而坐，选择自己喜欢的书看着。急着去应酬的父亲催促女儿："快点儿，快选！喜欢的都买走。"书架的一角，一位衣着朴素的妈妈身边围坐着两个孩子，妈妈用并不标准的普通话轻声为孩子朗读着书中的故事，两个孩子如饥似渴地听着。也许他们没有足够的钱去购买所有想看的书，但是这种由读书带来的富足感，却丝毫没有逊色。

基因使孩子的长相酷似父母，而举手投足间与父母的神似，却来自天长日久的耳濡目染。家庭的氛围始终是一种无形而清晰的力量。想要让孩子变得更加优秀，父母必须更好地完善自我，引领儿女的成长。

这样一组精致的亲子安全漫画，还让我想到一个故事：假期里母亲带着孩子远足旅行，开学前夜，母亲才想起幼儿园老师布置的作业，要制作旅行小报。夜已经深了，母亲心一横，安顿女儿先睡，独自在安静的夜晚匆匆落笔绘制，以求应付过关。这样做纵然能够交差，但向孩子传递的却是面对任务敷衍应付的态度……

在这个凡事讲"拼"的时代，拼爹拼妈，拼的就是以身示范，用心陪伴，共同经历，彼此滋养，拼的是持之以恒引领孩子的毅力和决心。

别再为自己原地踏步寻找借口。孩子正在慢慢成长，我们能做的，就是快步追上去，学着当父母，做更好的自己，陪伴孩子一天天成长。

3. 春季开学家长会发言稿

为什么每逢开学屡提"收心"依然收心难

——五年级（11）班春季开学家长会发言稿

尊敬的家长朋友们：

你们好！很高兴看到孩子们回到学校，很多孩子的身高体重又有了新的变化，就像这春天的枝叶一样，欣欣然地成长着。每到开学前，总有一个话题备受大家关注，那就是"收心"。为什么每逢开学屡提学生收心，收心仍然这么难呢？

一、理解并接纳孩子的开学不适

家长要认识到，不仅孩子有问题，家长甚至老师也有严重的"开工并发症"，甚至比孩子更严重。这种状况需要一定的时间来解决。刚开学时，许多成年人还沉浸在温暖的被窝、曼妙的旅程等各色美好的回忆当中。我们可以容忍自己以蜗牛的速度逐步适应，却一味期待孩子能第一时间像打了鸡血一样立马精神起来，这不现实，也不公平。

认识到成年人也存在收心与过渡的必然阶段后，家长更应接纳孩子的不适，允许学生在"放假模式"和"上学模式"间有个合理的切换时间。

二、以身示范，你的行为就是家庭氛围

宽容并不代表放纵。成年人的"开工并发症"一定程度上影响着孩子的适应速度。成年人应首先改变，以身示范，有效示范。

以早高峰时段为例，家长在被窝里经过几番思想斗争，挣扎着起床，早已把时间逼近了极限，此时期待孩子闻风而动，快速行动，那真的是难于登天。预估到这样的困难，家长应提早行动，把选衣服的犹豫时间放到头天夜晚，给早晨的闹钟增加一个预备铃，给自己和孩子十分钟的醒神时间……这算是大清早对即将奔忙的家人合理的宽谅吧！

消极的言语和留恋假期的心思，很容易给孩子造成消极影响。打起精神，以身示范，哪怕是先"演"一个打了鸡血的模范家长形象，也可以一改家庭中慢节奏的慵懒氛围，让抱怨和呵欠交织的清晨多一份从容不迫。

三、寻找兴奋点，点燃孩子的上学热情

你在哪种状况下最期待见到单位同事？新做了发型，买了一套崭新的裙装，还是迫不及待地想要分享旅行的经过？同样的道理，总该有些兴奋点，能让孩子兴致勃勃、数分数秒地期待见到同伴吧。

而这个吊足孩子胃口的计策，常常是因人而异的。家长应与自家孩子的脉搏一起律动，土方法往往能正中孩子下怀。家长可以向孩子提议，在开学前几天给自己熟悉的小伙伴发发微信，互相聊聊天，或给每位老师发微信、短信问个"新学期好"，以削减孩子和同学老师的陌生感。

带着孩子选些心仪的文具和向往阅读的书，给孩子的新书包中放上一张写满新学期赠言的小纸条……这些都有可能点燃孩子期待回归校园的热情。

你的孩子爱好什么，我想你知道。

四、从"趣"字入手，重在分享，欢乐开局又何妨

平稳收心，吸引孩子重返校园，显然不只是家庭的责任。学校传统的收心方式通常是从常规的训练开始，显得有些单调乏味。

班主任们不妨从"趣"字入手，改变开学第一课"严"字当头的传统。开学第一天不要声嘶力竭地管纪律，不要气急败坏地收作业。班主任可以带着学生分享假期收获，或选择有趣的项目吸引孩子们一起投入其中。热热闹闹，开开心心，欢乐开局又何妨？

4. 春节后开学家长会发言稿

培养孩子正确的花钱习惯，不必从围剿压岁钱开始

亲爱的家长朋友们：

你们好！每次春节过后，如何教孩子正确使用压岁钱，便成了教育中常见的话题之一。

我们常常担心孩子拿到过多的零用钱后"行为失控"。在遇到喜欢的美食、玩具或者琳琅满目的陌生物品时，孩子爆发出的肆意购买的"土豪气息"，令我们给钱心怯，唯有加强控制才能安宁。

依我看，给孩子的压岁钱不是多了，而是少了，特别是放手让孩子理性消费的真实锻炼次数少了！

如何改变压岁钱"一限就僵，一放就乱"的局面呢？培养孩子正确

的花钱习惯，不必非从围剿压岁钱开始。家长朋友不妨把给孩子零用钱变成生活中的常态，并以平和的心态去关注和引导孩子正确使用零用钱。

一、改变"要啥？你挑"的买单方式，多与孩子谈谈钱

许多城市里的孩子购物，仿佛随身带了一个出纳。看上什么只管往购物篮里装，到收银台那里自然有人买单。家长这种"要啥？你挑"的陪同买单的方式，让孩子习惯于只关注个人需求而不看商品价格数额，对钱毫无概念。家长和孩子一起购物时，不妨带着孩子比一比价签，算一算打折额度，购物后检查一下小票，估计一下打折赠品是否划算等。用这些购物时自然而然进行的对话，帮助孩子提高购物时对价格的敏感度。

二、让"限量购买"成为常态，锻炼孩子的取舍能力

很多日常生活用品，例如玩具、礼物、文具，若让孩子无上限额度地购买，无疑会让孩子养成大手大脚的习惯。一些家庭坚持的"只选一类，只买一个"的习惯，无疑是锻炼孩子购物取舍能力的有效训练方式。

三、让"控制总额"成为购买常态，锻炼孩子购物预算能力

家长不妨放手让孩子做一些购买多样商品的训练，例如，为家里的晚餐买菜，或者为节日准备多种水果、蛋糕、零食等。

家长应给出预算，给予孩子充分的自主权，并真正尊重他们的选择。

四、让"攒钱购"成为购买常态，控制孩子的购买欲望

很多家庭常常习惯于将孩子期末或月考取得好成绩，作为给孩子购买中意的大件物品的前提条件，而实际情况是，孩子向往已久的必需品，即使成绩不到也需要购买。

此时，不妨让孩子也体会一下我们儿时的"攒钱购"——把原本要给的零花钱，以奖金的名义预存起来。家长陪伴孩子体会"积少成多，期待购买"，也是控制孩子购买欲望的方式之一。

在经济条件允许的情况下，家长应放手让孩子掌控小额现金，这应该成为生活中的常态。家长持续关注并调适孩子用钱的方式。这不是为了放纵他们过度消费，而是为了帮助孩子养成理性消费的习惯。

第三节　细节到位，顺利开学

一、一招选好班干部的方法竟然是这样的

班干部的定位是什么？仅仅是班主任和科任教师的专属服务员吗？显然不是。

很多班主任都认为班干部是老师开展班级管理工作的重要助手。班主任在开学初选定了班干部后，便委以各类工作任务。美其名曰"得力干将"，其实多数班干部沦为了"服务生"。

有没有可能重新定位班干部的作用和使命，让班干部通过为同学提供服务成长起来，培养沟通能力、团队协作能力和组织管理能力？

（一）建议这样任命班干部

1. 传统任用制

传统的未必都是不好的，传统任用制仍有优势。当学生处于低年级时，老师凭借慧眼选才任命，可以在短时间内起到稳定开局的实效。任用制很考验班主任的观察和遴选能力。

（1）悉心观察，谁能干谁上岗。学生入学后，班主任需要有意识地物色适合做班干部的"苗子"。在小学一年级，表现活跃、语言表达能力强的学生常常成为班干部的首批人选。班主任可以通过查阅学生档案，与原班主任、学生家长取得联系等途径，初步确定学生干部人选。接着，通过组织班级活动（如新学期见面会、搬运新书、布置文化墙等），让所有学生都充分发挥特长，班主任就可以从中发现那些关心集体、积极热情、办事认真、有一定号召力的学生。

用人所长是班主任确定班干部人选的常用法则。班主任要有意识地让

学生把特长发挥在班级事务工作中。同时，班主任还要注意到每个班干部岗位需求的差异性。刚入学时，师生之间还没有太多的了解，班主任可以用试用期的形式让学生开展班干部工作。在指定班干部人选后教师要一直给予关注，既要放权给班干部，又要在他们行使管理权的试用期及时给予鼓励。

（2）挑战传统，谁不行谁上岗。班主任还可以尝试在部分岗位"反其道而行之"。在班级中选择自信心不足、特别内向的同学，来担任一些需要公开讲话的职务。这对孩子性格的培养和改变，也是很好的促进。将班级中出现明显纪律问题或学习问题的学生，任命为学习委员、纪律委员，让吃饭最慢的学生去管理午餐……让学生带着适当的压力投入到班干部工作中，可以帮助其解决自身存在的问题。

2. 班干竞选，失败也是一种成长

在条件允许的情况下，班主任还可以尝试使用人人参与的班干部竞选制，让每个学生都来体验完整的班干竞选历程。无论成败，参与竞选对孩子而言都是一种成长。

班干部竞选制的重要作用之一是调动学生参与竞争的积极性，因此，准备和实施的过程就显得相当重要。

班主任首先要设置多元化的班干部岗位，交代清楚各岗位的职责，最好以需求列表的形式推出。为了吸引更多学生参与，不妨再预设一份有吸引力的招募启事。

随后，要动员全体学生积极参与。班主任要指导学生如何撰写竞选演讲稿。在演讲稿中，既要突出自己的优势，也要写出自己的不足。如果能把自己当选之后将要落实的项目陈述清楚，那就再好不过了。这个步骤可以帮助学生更好地厘清自己的优势和不足，更清楚地认识自己。

班主任还可以设置一些有趣的项目。例如，在学生完成演讲稿后，班主任可以邀请其亲友、老师或者同学为该生写激励评语，为学生鼓劲。

学生进行竞选演讲时，班主任要注意营造氛围。例如，邀请家长参与竞选活动，邀请科任老师担当评委，给学生以正式、庄重的感觉。要注意

参选人数和所需班干的人数比例，竞选结束后在向竞选成功者表示祝贺的同时，还要关注落选者的心理落差。可以让落选的学生改任小组长或者其他公共服务岗位，毕竟学生能够积极参与整个过程，就表明了其愿意为班级服务的心情。

3. 打破传统，人人都可以上岗

除了传统任用制和班干竞选制，你有没有想过以更开放的姿态，把所有的班干部岗位都设为班级的公共服务岗？就是把所有的岗位都冠以有趣的名字，并列出工作职责及要求，等待学生们的加盟，学生定期轮岗。这样可以让每个人都成为班干部。你会发现，所有学生都可以干得非常棒。

采用公共服务岗制，每个人都可以自主申报，所有人都有权利在任意岗位上为大家服务。除了常见的班级岗位之外，学生还可以自主申报岗位来为班级服务。比如，申请成为管理养护教室花草的"花匠"，专职负责班级文化墙建设的宣传委员等。

前不久，我还尝试每周利用五分钟时间，组织全班参与超大型的"石头、剪子、布"游戏，来决出谁是本周的当值科代表。胜出者担任每周语文科代表的职务，同时，每横排的学生轮流担任当周纵列的小队长。这样的形式虽然看起来稍显无厘头，但是学生每次都是群情欢腾，我可以感受到参与者的快乐。用这样玩大型游戏的方式选择班干，一个学期下来，每个人都有机会上岗，我没觉得与优中选优的班干部有多大差别。

（二）建议这样"用"班干部

怎么用好班干部？思路决定了形式。

班主任不仅要把班干部们培养成为自己的得力助手，同时，还要关注他们的成长。需要将职前培训、职中关注、期末评价结合起来，实现对班干部成长的连续关注。

1. 班干部职前培训

在学期开始时，班主任首先要统一班干部的思想，帮助其明确班级共同目标，同时要对班干部的工作要求和具体工作方式进行培训。

以负责管理电教设备的班干部为例，班主任需要向其强调节能意识，既保证设备的正常使用，又要节能不浪费，有基本的管理规范。例如，全体学生离开教室时，最后一人关灯；眼保健操开始前，提前两分钟开启电脑，做好播放音乐的准备；电教设备要按照规定程序开关，非特殊情况不能粗暴关机，以免造成不必要的设备损耗。

2. 班干部职中关注

班主任要定期召开班干部会议，及时对班干部的工作情况进行反馈，及时肯定表现突出的班干部，帮助遇到问题的班干部解决问题。

在我们班上，每周定期召开的班干部会议时间仅为十分钟，大家都站在走廊开会，以保持会议的高效。在会议中，我通常会选出班干部的典型代表，通过这位同学的一个工作细节，倡导充满正能量的工作方式，引领大家相互借鉴，推进工作。

及时的反馈有利于促进班干部管理方式的改变。在这个过程中，班主任要学会适时沉默，为班干部留出自主管理的空间，在其需要帮助的时候才站出来。

3. 班干部期末评价

班级期末评价中，对班干部的评价是不可或缺的一部分。作为班主任的左右手和毫无怨言的"义工团"，班主任不要忽视了对他们的奉献给予充分的肯定。

除了评选班级优秀班干部这样的常规项目，每个学期，我还会专门为每位班干部撰写颁奖词。期末，每位班干部都会领到一张贺卡，这是他们独有的福利。这张小小的贺卡里，一面是我与这位同学的合影，另一面是我亲笔写下的颁奖词。

以班级午餐管理员为例，期末我为她撰写了这样的班干部颁奖词："你是班上的营养小博士，为了保障每位同学健康就餐不挑食，你开发了特色管理项目，每周提前在网络上查询菜品的营养，为大家悉心讲解。你像一位尽职尽责的妈妈,对挑食的同学苦口婆心,循循善诱;同时,你还像火眼金睛的孙悟空,能够精准地发现那些轻拿轻放餐盘、用餐不浪费的榜样,每天让他们登上你的就餐光荣榜。这些颇具创意的管理方式体现了你的管理才能,期待你下个学期更加精彩的表现!"

二、动起来吧,"座位君"

最近在朋友圈中看到的一条信息,将整个教室中的位置归纳为"金三银四",这不失为有噱头的新闻标题。和公正地安排班干部一样,公平地安排教室座位也应该是班主任的基本职业操守。

合理安排学生座位,有助于班主任工作顺利开局。然而,千万不要认为排座位只是开学初的"保留曲目"。座位不必一坐到底,班主任可以不断地根据学生的状况,进行适当的调整,让班级的座位流动起来。这样,既能解决班级管理中的一些矛盾和问题,也能给学生带来一些新鲜感。尝试一下吧!

(一) 传统动态循环排座位方式

开学初,班主任可以让学生们按个头大小排成一队,然后两个人一组从第一排第一桌开始安排座位。唯一可以开绿灯的就是眼睛近视的同学。在排好座位后可以做适当的调整,以示必要的人文关怀。座位初步固定下来后,传统的调座位方式包括"左右循环"和"前后循环"两种。

左右循环——定期对座位进行左右循环的调动。因为学生处在青少年时期,视力尚未定型,如果一直坐在教室的角落会形成斜视。左右轮换座位可以保护学生的视力。

前后循环——低年级学生的身高没有太大的差距,班主任可尝试安排全班同学按前后顺序循环坐。例如,1—3排前后循环,4—6排前后循环,让学生在相近范围内适当调动座位。

（二）需要调整座位的几种情况

一段时间后，开学初安排的座位会暴露出小问题。除了开展常规的思想教育外，开动脑筋，通过调位置来营造班里安定的氛围，也是有效的方法之一。排座位一定不能一排了之，不能指望一劳永逸，很多班级问题都可以通过调换位置的方法得到解决。

1. 一个总是喜欢回头看的小男孩

王老师班上有位叫天天的小男孩，特别顽皮可爱。美中不足就是好动，是那种被形容为"屁股下安转轴"的学生。他给班上带来了很多不安定因素，老师不得不花费很多精力和他打持久战，甚至每节课都在不断提醒他，但收效甚微。这让王老师课堂教学的愉快指数大幅下降。

仔细观察王老师的课堂，不难发现这位叫天天的小男孩后面还坐着一位同样调皮的男生，他们两个关系非常好。天天不断地回头，不是主动找同学搭话，就是被后面同学弄出的动静吸引过去了。

此时，适当调换位置就显得十分必要了。调换位置改变了学生的外部环境，班主任可以同时进行思想教育，转变内因。自外而内，转变学生的听课状况。师生间僵持的状态也就自然得到改变。

2. 当"闷葫芦"遇上"小麻雀"

学生的个性特点大不相同。有些学生呈现出"闷葫芦"的性格特点，沉默寡言，除非被老师点名提问，否则决不主动在课堂上发言。小学阶段是学生性格养成的重要时期，这样的表现让人着急。相反，有的小朋友因为性格非常外向，像个小麻雀一样叽叽喳喳，很难静下心来思考。

怎样安排班级里的"闷葫芦"和"小麻雀"的座位呢？我们首先会想到"动静结合，相得益彰"。通过调换位置，把活泼的"小麻雀"安排到"闷葫芦"旁，既是对"小麻雀"课堂纪律的有效调控，又能带动"闷葫芦"更多地表达自己，这也是古训"近朱者赤，近墨者黑"在课堂中的运用。

尝试着让"闷葫芦"和"小麻雀"做同桌，让他们一起讨论，共同学习，你会逐渐发现二者的细微变化。此时，最大的受益者是那个不太爱说话的"闷葫芦"。

3. 一个没有朋友的学生

王老师的班上新转来一个小男孩，他爱动手打人，写作业很拖拉。他转来后不久就成为了班上令学生敬而远之的"孤岛"。怎么办？若顺应学生的集体意愿，让他独自坐，这种做法无异于冷暴力。能不能通过调整座位的方式，解决他的"朋友荒"呢？

在与班委会讨论后，班主任王老师和班干部们达成共识，大家轮流去和他做同桌，每人一周，并且约法三章：要和他友好相处，要热心帮助他，每天至少找到他的一个亮点并称赞他。

由于有约法三章在先，而且一周的相处时间并不长，很多同学都报名来预约和他做同桌。一个学期结束后，这位同学竟然成为了班上朋友最多的人。

4. 不断冒出的"小眼镜"

教室里突然冒出一副"小眼镜"，神气地出现在了班级学生的面前，这竟然赢来不谙世事的小朋友一片羡慕的目光。"小眼镜"数量不断增多的现象，让人心痛。

班主任除了关注学生眼保健操的完成状况，减轻学业给学生视力造成的负担，还可以通过调换座位的方式对学生视力进行有效保护。在小学低年级，我们可以通过前后轮换和左右轮换的方式，让学生通过改变位置，缓解眼部疲劳。当然，让看黑板有困难的"小眼镜"适当靠前坐，也体现了老师对学生的人文关怀。

（三）均衡组合班内学生

1. 异质同桌，优势互补

（1）借助成绩优异的学生的力量。班主任如果发现个别学生有掉队的倾向，需要天天单独补课，这时可以安排学生做你的小助手。邀请一个成绩优异而又热心的学生来做自己的助手，替你随时随地关注他（她）的学习进展，及时向你汇报他（她）的学习情况。这个策略如果运用得当，能大幅减轻班主任的负担。

（2）借助性格外向的学生的力量。学生的性格会有很大的差异，开学不久你就会发现有的学生性格内向到上课起立发言时都脸红窘迫。班主任可以安排一个外向活泼的学生做他（她）的同桌。近朱者赤，先受到影响的往往都是内向的学生。

（3）借助班干部的力量。很多班主任选班干部的时候，喜欢选择各方面都比较出色的学生。如果班上有调皮的小猴子型学生，借助班干部同桌的威信，对其课堂纪律加以适当约束，能起到不错的效果。

2. 同质同桌，互相促进

如果细心观察你就会发现，传统的"一帮一，一对红"的方式也存在一些问题。学困生和学优生共同讨论时，成绩稍微逊色的学生往往洗耳恭听放弃了主动思考。长此以往，话语权常常被学优生掌握，看起来很民主的对话，其实仍存在着学困生的话语权劣势。

我们可以尝试反其道而行之，大胆采用"同质同桌"的形式安排座位，将学习能力相近的学生分在一起。两个程度都比较好的学生在一起，可以共同迎接学习过程中的新挑战；两个程度都不算好的学生做同桌，没有了优秀学生在身边，只能依靠自己，承担自己的学习任务，也不会因为自己的错误答案而感到难为情。班主任不用担心学困生组合完不成任务，可以发挥学优生小组的帮扶作用，让他们在完成学习任务后再施以援手，问题自然迎刃而解。

三、这年头，做清洁也要懂得知人善任

在动物园的黄桷树下我们意外邂逅了一群小朋友。孩子们是和家长、老师一起来参观的。郁郁葱葱的黄桷树叶替人们遮挡着初夏的阳光。孩子围着黄桷树画画，然后把画纸贴上彩色的纸尾巴，另一端缝上线，一只洋

溢着童趣的纸风筝就完工了。孩子得意地拉着作品跑来跑去。

老师和家长们也开始忙活了，他们带来各种各样的彩纸，准备了宽的硬纸条，将硬纸条做成圈，把七色的彩纸剪成一朵朵五瓣的花，贴在硬纸圈上。巧手一变，就为孩子们变出了一个个花环。有的孩子把花环戴在头上，有的孩子把花环束在腰间，有的孩子的花环上还拖着可爱的彩色尾巴呢！孩子们更兴奋了，也许他们觉得自己就是小天使吧。大家一起高兴地拍照，亲密合影。那份浓浓的亲情与快乐让我们两个旁观者也陶醉了。

过程很美好，结局却有点遗憾：活动结束后小朋友们迅速地随父母四散离开，老师也在整理好物品后离开了。黄桷树下一片狼藉，报纸、彩带、饮料瓶诉说着刚才的快乐与现在的寂寞。满身疲惫的清洁工在草丛中一点儿一点儿捡拾着彩纸屑。

卫生情况的好坏直接反映了一个班级的班容班貌，间接表现出一个班级的班风。无论是在学校还是外出活动，班主任都要合理科学地安排值日。

（一）拆分任务，落实到人

建议班主任仔细梳理班级的卫生任务，根据小组的人数把任务拆分为若干项，列一个表格，避免遗漏。安排任务时有一些小的技巧，例如打扫卫生的任务没有太大的难度，一般安排前排个头比较小的同学；收拾图书角、擦玻璃等任务需要细心的同学完成，一般安排女生来做；倒垃圾、拖地这样的力气活儿多安排身强力壮的大个头男生来完成。要尽量做到人人有事做，事事有人做，分工均衡，具体可参见下表。

三年级（11）班清洁卫生分配表

组　号	任　务	组　号	任　务
1—1	打扫①②小组卫生	2—1	打扫③④小组卫生
1—2	打扫⑤⑥小组卫生	2—2	打扫⑦⑧小组卫生
1—3	收拾讲桌、摆桌子	2—3	收拾图书角
1—4	擦黑板	2—4	倒垃圾
1—5	拖地	2—5	拖地

（二）细心班干，检查提醒

将卫生任务分配到人之后，还需要一个得力的班干部来帮你进行管理。班主任可以从班干部中寻找一位细心认真的学生（多为女生），要求性格泼辣、敢分派任务。班主任可授"大权"给她，适当减免或者全免该同学的卫生任务，保证其有足够的时间进行管理。

（三）指导方法，制定标准

要想教室始终保持干干净净，班主任在一开始布置任务时就需要对全班学生进行专项培训，给出卫生任务达标标准。例如，摆桌子，必须横看一条线，竖看对整齐；擦黑板，要把粉笔的印迹完全擦拭干净，不可白茫茫一片；拖地，地上不可有积水，不可有泥迹；等等，具体可参见下表。

三年级（11）班教室卫生标准　　　　　　　　　　　检查人_____

教室区域	卫生标准	评定星级
地面	地面干净无纸屑，积水污渍去无踪	
墙面	每周更新文化墙，张贴纸张要平整，每堵墙面无积灰	
桌椅	一字排开，桌面干净，椅子归位	
门窗	窗明几净无杂物，门角整洁无积灰	
黑板	每天一清洗，板书应整洁，下方无积灰	
卫生角	物品归位，码放整齐	

（四）拔掉"钉子户"，清理死角

每个班上总会有几个学生卫生习惯比较差，导致班上的小垃圾堆层出不穷，给班级整体卫生状况带来了隐患。拔掉"钉子户"可不是一件容易的事情。班主任要观察日常学习生活中卫生最差的区域，单独和周边学生谈话提醒，共同制定整改方案，并指派班干部监督提醒。

只布置不检查，等到学校检查卫生后才气愤地去指责学生，这可不是班主任应有的理智举动。班主任应该既有督导又有及时检查，快人一步，安排学生检查或者亲自抽查，这是保持班级清洁的必要手段。

四、这样的开学第一课，才是优秀班主任的品质之选

用什么样的开学第一课，拥抱久别重逢的孩子？哪些课程内容是成熟班主任的品质之选？

板起面孔的常规管理第一课，会让孩子有一出假期即入地狱的感觉；没有深度的开学第一课，如同浮光掠影，无法体现思想内涵。

班主任应增强国家意识、时事意识、成长意识、团队意识，勇于创新课程内容和形式，用有格局、有内涵的第一课来拥抱久别重逢的学生，拥抱新的学年。

这里结合 2016 年 9 月开学季的热点，给出如下建议。

（一）增强国家意识，重谈长征精神

学校教育要体现国家意志，体现国家的主流意识形态和价值观，而班级课程也要切实贯彻国家意志，促使其在教学实践中落地生根。刚刚投入使用的语文新教材中，有四十篇纪念革命领袖和进行革命传统教育的文章。2016 年恰逢红军长征胜利八十周年，这样的重要节点是在班级课程中进行革命传统教育的重要契机。

不忘历史才能开辟未来，善于继承才能善于创新。红军长征是中国革命从挫折走向胜利的重大转折。日子远了，故事旧了，这些都不是忘却的理由，传承恰恰需要我们借用一切合适的时间节点，反复咀嚼，和孩子重温那属于战争年代的故事。

仔细想一想，我们为什么有时候会逃避革命素材的教育内容？也许是因为为人师者对此所知甚少，研究不够。要引导学生进行革命传统教育，教师应先行深入备课，这也是一种自我教育与学习。

重要的课程不能一看了之。班主任应结合教育部和中央电视台共同打造的《开学第一课》，围绕长征精神，组织学生查阅资料、充分讨论、反复宣传、书写感受，通过研与学、研与讲、研与思，把坚定信念、勇往直前、百折不挠、坚持不懈的长征精神传递给学生，把先辈的旗帜传承下去。这也许正是我们小小班主任在传递国家意志、弘扬国家精神上能做的贡献。

（二）增强时事意识，强化奥运精神

火热的八月里，我们与四年一度的奥运会相约。里约奥运会对于中国队而言，是有激情、有温度、有泪水、有转变的奥运会，有太多的故事值得我们回味。

中国女排从一支队伍升华成了一种符号和精神。有人曾经问，女排精神是什么？女排总教练郎平说："女排精神不是赢得冠军，而是有时候知道不会赢，但仍竭尽全力；是你一路虽走得摇摇晃晃，但站起来抖抖身上的尘土，眼神依然坚定。"国家给予这支队伍更加宽容的期待。《人民日报》官方微博在女排决赛之战前发布了文章《赢了一起狂，输了一起扛》，一个国家、一座城市在发展过程中难免会遇到一些曲折，但是血脉相连、荣辱与共的精神豪情不能丢。

孙杨的因病退赛，让人回想起刘翔的退赛，从"刘翔去死"到"孙杨不哭"，这样的赛场故事，折射出了中国观众的改变。那个以成败论英雄的时代结束了，越来越多的人开始尊重个性，越来越多的人放下了包袱，笑对金牌榜。正如一篇评论文章中所说，"每个人都要面对伤病和岁月，只愿若有一天我含泪离场，你会为我鼓掌"……

一个又一个有温度的奥运故事，让我们感受到了中国观众的温度。我们不再狂热地追逐金牌，我们变得更加成熟，学会了宽容，开始在国家话语之外观照个体的生命价值。这也是一个国家令人欣慰的舆情变化。

在开学第一课的时事分享中，引导学生体味奥运饕餮大餐中一个个温暖的故事，感受无处不在的奥运精神，这何尝不是一场灵魂的洗礼呢？

（三）增强学生意识，感悟成长动力

学生意识是从学生个体出发的一种生命观照。班主任应从学生的视角出发，把开学第一课变成孩子展示的舞台；关注学生在暑假里个性化的发展和成长，感受每一个孩子蓬勃生长的力量。这是最生动的开学第一课，也是我们学校的老师们多年来一以沿用的传统课程形式。

去年的开学日，同学们各显神通，大秀才艺。手风琴独奏，旋律悠

扬；动感舞蹈，活力四射；歌曲独唱，清澈空灵……我们组织的一系列活动精彩纷呈，让人大饱眼福！六年级（9）班的教室里热火朝天，掌声雷动。"我在小区摆小摊，收获不小哦！"余诗艺正得意扬扬地向同学们讲述她的生意经。这个假期，她把平时手工制作的帽子、泥塑等小物件拿出来售卖，没想到被一抢而空。她满脸幸福地说："我不仅能学习制作，真实体验，还能展示成果，获得价值。你看是不是一举多得呀！"

当学生带着许许多多的成长故事、成长经验，憧憬着第一时间去和同伴分享时，学生对开学就不会再有抵触感，会以轻松的姿态，踏上新的成长旅程。

（四）增强团队意识，凝聚班级精神

怎样迅速打败由假期带来的松懈懒散？答案是运动。

怎样迅速增强团队凝聚力？答案是竞技运动中的拓展项目。

在开学第一课中，我们搬出尘封已久的同心鼓，重新欢天喜地嗨起来，共同为一次又一次成功的抛球而欢呼；我们在三人四足游戏中，脚绑脚地集体前进，在嗨翻天的号子中体会竞技的欢愉；我们在齐眉棍游戏中，共同用单指托举起长长的竹竿，沉心静气听从指挥，形成合力……

团队精神是大局意识、协作精神和服务精神的集中体现。培养团队精神，不能空喊口号，要让学生们在活动中，在实践中，在汗水和欢呼中去用心体悟。

以上几点是对开学第一课的设计建议，仅供参考。

什么样的开学第一课，才是优秀班主任的品质之选？浮现在脑海中的答案，就是创新，创新，再创新。

优秀的班主任，骨子里都有着一种勇于创新的精神，不滞留在某一个时间里，也不拘泥在某一个情境里，而是努力把每一节课准备成待与学生分享的饕餮盛宴。

轻松治班2.0

和而不同，民主管理

QINGSONG ZHIBAN 2.0

>> 班主任进行民主管理，要充分研究"人"。研究学生，才能把准脉搏，对症下药；研究资源，才能改变单兵作战的方式，推进团队协作；研究自己，才能提高效率，增强预见性。

第一节　班级常规事务管理

一、细分类，把每个学生都看透

德国哲学家莱布尼茨在讲授矛盾的特殊性时曾说过，世界上没有完全相同的树叶。同时，他讲授矛盾的普遍性时说，世界上没有完全不同的树叶。没有完全相同的两片叶子，却会有两片相近的叶子。班主任进行民主管理的首要任务，是研究工作对象。研究工作对象首先要研究学生，不断地尝试归纳儿童的特点，试着总结他们的个性特点，找出他们的发展空间和适用策略，在不断的思考中，完善和丰富儿童素描库。研究服务对象始终是要花大力气做的一件事情，洞悉工作对象的真实特点，班主任才能把准学生的脉搏，顺利推进工作。

在教过几届学生后你会发现班级中总会有几个风格相近的孩子，其特点也大抵相同，发展空间和教育策略也有相似之处。

（一）乖乖女型

1. 人物素描

"乖乖女"从进校开始，就很容易成为其他同学学习的榜样。她平时话不多，课堂上认真听讲，举手发言总是能说到点子上，作业工工整整，老师批改起来赏心悦目。因为各方面表现稳定，成为了老师眼中的"乖乖女"，也很容易成为老师们训斥调皮学生时用来做对比的对象。升旗手、班干部、先进评选等"好事"会接踵而至。

2. 发展空间

这类在学习上细心、认真的女生，常常将很多时间花在对课本知识的研磨上，容易学得死板机械。同时，太多的表扬容易让学生恃宠而骄。成功来得太容易，抗挫折能力比较差。常常可以看到她们因一次考试成绩不理想就坐在座位上默默掉眼泪的情况，其心理状况让人担忧。

3. 教育策略

可以任命她们担任班干部，让其成为班主任的左膀右臂。通常，她们在经过培训后可以稳妥、细心地处理一些班级事务，让班主任省很多心。同时，班主任也应关注此类学生的"骄、娇"二气。在她们犯错误时，不应包庇纵容。同时，要关注她们的学业拓展，这一类学生往往把过多的精力放到对课本知识的学习上。班主任应帮助其增加课外阅读，引导其多参与社会实践活动，为持续发展充足电。

（二）万事通型

1. 人物素描

"万事通"是班上的"小诸葛"。他的知识面很广，天文、地理、历史、军事知识等都有涉猎。他很活跃，在课堂上总有抢眼的表现，常常有语惊四座的精彩言论。他的成绩总是稳居优等。

2. 发展空间

这类学生通常对新事物特别感兴趣，喜欢阅读。也许是性格使然，这类孩子有时做事缺少耐心。如果培养得法，这类孩子通常后劲十足。

3. 教育策略

班主任应鼓励他们多创新，沿着感兴趣的方向深入阅读或实践；鼓励他们多出镜，崭露头角。同时，不要忽视培养他们的细心和耐心，应引导其更加周密地处理他们平时不屑一顾的"小事"。

（三）多面手型

1. 人物素描

多面手型学生常常会给师生带来很多惊喜。班会课上，他能大大方方地走上讲台为大家表演街舞；元旦晚会上，他又变身成为钢琴王子。他是班里各类活动的台柱子。

2. 发展空间

多面手型学生身上的才艺特长使其在陌生的环境里也备受瞩目。这类孩子往往对喜欢的事情有着比较浓厚的兴趣，愿意付出心力持之以恒地学习。

3. 教育策略

拥有才艺特长的孩子最需要展示空间。让他们有平台不断地展示才艺，就是对他们最大的支持。班主任要给他们创造出展示自己才艺的机会，使其学有所用，帮助他们在才艺发展的道路上走得更远。

（四）闷葫芦型

1. 人物素描

这类学生在学习上往往非常用心，但不善言辞，久而久之就成为了课堂上的"闷葫芦"。他们在课堂上总是充当听众，很少主动参与，这使得班主任很容易把这类学生遗忘。闷葫芦型的学生虽然语言表达上稍显

"闷"，但是仔细观察你可以看出他们并不木讷，和好朋友在一起时也是有说有笑，玩得不亦乐乎。但上课铃声一响，闷葫芦们马上就回到了那种一言不发的状态，继续扮演一个聆听者的角色。

2. 发展空间

班主任要想方设法激发他们的表达欲望，激活他们心中的表现愿望。这不是一日之功，班主任要有耐心。

3. 教育策略

激活闷葫芦要给他们提供表现自我的平台。班主任要善于发现他们的闪光点，充分放大并巩固孩子心中的成就感。比如，班主任主动在课堂上问他们一些比较简单的问题，答对了，就给他一个大大的奖赏；答错了，一定要给他一个台阶，以免伤害他继续表现的积极性。批改他们的作业时，要谨慎评价，避免满篇红叉，即使确实是对少错多，也可以变换角度只勾出对的部分。

（五）小猴子型

1. 人物素描

这类学生常常给班主任的工作增添很多烦恼。外人常常评价他们很可爱。听到这样的言论，班主任常常不服气，心里想："你觉得可爱是因为你没有和他深入交流。如果你每天早晨一进班，就有人气冲冲地来告状，你肯定也难以平心静气。"

2. 发展空间

这类学生通常接受能力较强，但自控能力差，性格好强，喜欢表现，容易接纳正面的评价。

3. 教育策略

班主任要努力让小猴子型的学生由不停地动和闹,变得动静有度。要让这类学生静下心来,需要帮助他们找到喜欢做的事情,挖掘他们身上的潜力。例如,把他们吸引到喜欢的课外书中来,吸引到需要动手动脑的活动中去,或者将其任命为班干部,把他们吸引到为同学服务的岗位上来,都是使其潜力得以发挥的有效方式。

上述几种学生的类型,显然不足以概括所有的孩子。每个孩子都是一个与众不同的个体,哪里有一模一样的孩子呢?班主任要从相似中寻求发展策略,在不同中思考开放性的教育方式,逐步研究并完善我们的学生素描库。这个不断完善的过程,其实也是不断思考有针对性策略的过程。

二、班级管理课程化,午会时间效率高

班主任天天忙于繁复的事务性工作,每周除了班会课,几乎没有时间对学生进行思想教育。管理班级像抗洪救灾,常常是哪边漏了补哪边。很多班主任虽然常常出现在班里,却没有时间走进学生的心灵。

走入晨(午)会课空间,你就会豁然开朗。组织晨(午)会是很多学校的常规项目。在早晨或者中午开始正常的教学工作前,利用5—10分钟对学生进行即时教育,可以及时发现学生的亮点及不足,甚至排除隐患,第一时间解决现实问题。如果你不想停留在"哪边漏了补哪边"的囧态中,即使学校没有开设晨(午)会课,也建议班主任设立一个固定的时间段,让自己的常态班级管理课程化。

晨(午)会时间比较短,适合"一事一议"。建议晨(午)会课设置如下内容。

(一)每日一星,及时发现学生身上的亮点

小学生的模仿能力非常强,特别容易受榜样的影响。班主任要有一双善于观察的眼睛,及时发现学生的亮点,在晨(午)会课时间及时发布。

对于表现出色的学生进行激励性评价，是对全班同学的引导和促进。在班级管理中发现榜样，树立榜样，鼓励学生做榜样，引导全班同学向上向善，可以为营造良好的班级氛围打下基础。例如，中午某位同学为了搬运班里的作业本累得满头大汗。这件小事就是很好的契机，班主任可以在午会时间进行表扬，倡导全班同学多为班级服务。

（二）清除隐患，未雨绸缪

在学校里，安全事故随时都有可能发生。班主任若仔细观察，一定能在事件发生前发现很多蛛丝马迹。若发现学生情绪躁动、情绪低落、用眼习惯差、班上多次发生学生丢东西的现象等，班主任要予以足够的重视，在晨（午）会课上将这些问题一一解决。

每一起事故发生之前，总会有许多起小事件发生。忽视具有共性问题的小事件，就很容易埋下更大的隐患。我刚参加工作不久，班上一位学生小李把一个同学打得头破血流，被送到医院缝了针。孩子这种暴力行为令人气愤。我冷静下来仔细回想，才发现其实在这个伤害事故发生之前的一两周里，就总有学生不断告小李的状，而我只是采用了堵漏的办法对他进行批评教育，却没有予以足够的重视。小事不理，终酿事端。

（三）"焦点辩论型"晨（午）会，直面问题，真理越辩越明

晨（午）会课给班主任和学生提供了讨论热点问题的空间。随着年龄的增长，接触到大千世界的学生常常会对新生事物非常感兴趣，同时产生许许多多有趣的新问题。例如，星座是命运测试还是娱乐？学生可以穿露背装吗？打游戏对学生有没有害处？……班主任可以针对学生群体中有争议的问题展开小型讨论，借助学生的舆论来使学生改掉不良爱好，这样的辩论胜过老师的枯燥说教。

（四）"新闻纵横型"晨（午）会，海纳百川，旁敲侧击

遴选新闻，组织学生进行集体学习，通过不同的事件获取值得警示的

信息，也是晨（午）会课的形式之一。这些信息包括有关校园安全的信息、有关青少年意外伤害事件的信息，甚至是养生信息。阅读讨论新闻信息的过程，也是潜移默化影响学生价值观的过程。

三、巧妙调动资源，创建班级教育圈

班主任可以尝试主动挖掘和吸纳家长资源、社区资源，把家长、社区从课程开发的边缘引向课程开发的舞台中心，给他们合理有效的引导，改变其课程观念。

（一）榜样标贴，调动全校师生参与热情

几年前，我们学校利用一枚小小的"巴蜀榜样标贴"，带动全校教职员工都参与到了对学生的行为习惯的管理中。

当这枚"巴蜀榜样标贴"发到我们班上的时候，学生沸腾了！他们非常惊讶，瞪大了眼睛，不敢相信自己的耳朵：竟然还有这样全校师生参与的大型游戏?！孩子们用非常渴望的目光看着这枚小小的标贴。这是一种可以反复粘贴的不干胶贴画，上面印着一个高高竖起的大拇指，就像在冲着小朋友说"你真棒"。学校每周从获得榜样标贴的孩子中抽出十个人，被抽中的学生可以与校长共进午餐。学生获得榜样标贴的数量要计入班级期末评比，还会成为学校评比"巴蜀好少年"的标准之一。很多学生都开始打小算盘，盘算着怎样才能获得"巴蜀榜样标贴"了。

每周，学校把榜样标贴随机分给全校的教职员工。每个得到榜样标贴的人，在看到学生在校园内有良好的行为表现时都可以送出自己的标贴。记得我们班小王几周前从生活老师那里领到自己的第一枚榜样标贴时，兴奋得都将老师的名字喊错了。

"以后，我还会帮着生活老师为大家服务。"帮生活老师干了两周活后，小王觉得做小事也很辛苦。"以前，我们和学校的保安、清洁工虽然在同一个校园，但就像是陌生人，见面根本不打招呼。"小王说。但现在，他从清洁工阿姨身边走过时会主动打招呼，说"你辛苦了"。而在帮

助清洁工阿姨扫了 6 次地得到榜样标贴后，小孙同学也养成了习惯，没事的时候就帮阿姨把垃圾倒进垃圾桶。

作为"巴蜀榜样标贴"的使用者之一，我也在慢慢感受着这样一张小小的标贴的威力。它把共育的责任分给学校里的每个员工，让他们从不同角度发掘孩子的闪光点。同时，让每个人都参与发奖，让他们与孩子相互促进，也让孩子们学会了尊重。

（二）成长红花墙，带动科任老师参加

在我们班教室的文化墙上，有一个"成长红花墙"专栏。班主任给每个同学分发一个小花盆形状的贴纸，学生将其贴在红花墙的下面。班主任联络各位科任老师，并将奖励学生用的红花放在讲桌最显眼的位置，方便每位科任老师取用。这样，每位科任教师都可以根据孩子们的表现来发奖。老师们的奖励最终都变成红花"飞"到红花墙上。月末，班主任会根据学生的表现情况颁发进步奖，让每位珍惜荣誉的学生从得到即时性的肯定进而到阶段性的肯定，夯实学生在学习生活中取得的进步。成长红花墙可以展示出学生你追我赶的状态，提升了孩子前进的动力。

要特别注意的是，进行阶段性总结时实施一定的奖励措施也很重要。非常有吸引力的奖励措施能起到推波助澜的作用。比如，事先征集孩子们近期的心愿，得到了进步奖的同学就可以满足其一个心愿。再如，在征得家长的支持后，还可以购书励志，赠给有进步的孩子们其最渴望得到的经典读物。

（三）微信朋友圈，最快捷的家校沟通方式

多年来，班级博客、班级邮箱、论坛等平台，均在家校沟通方面发挥着巨大的作用。近几年腾讯推出的微信，可以群发文字、图片、语音等多种形式的素材，既不需要家长支付费用，又不会花费老师的话费，信息又可以在第一时间直达家长手机。这些因素，使微信成为促进家校间更快捷地交流的又一法宝。

　　将家长加为自己的微信好友，再将家长们邀请到自己建立的讨论组中，就可以让家长随时了解学生的校园生活。班主任可以第一时间在微信群中告知家长学校的决定。发生特殊情况时，还可以在微信上召开家长会。

　　同时，班主任还应充分利用微信的朋友圈功能，将其做成一个班级品牌推广的自媒体。每周末我都借助微信朋友圈，发布"周乐汇"活动信息。比如，我在创意实践活动月中，发布了号召大家制作创意手袋的信息："本周末请大家和孩子一起召开家庭会议，商议手袋制作的创意。制作形式可立体、可镂空、可手绘、可剪贴……"

　　教师要有研发课程的意识，改变教师在教学中的中心地位，转向以学习者为中心的教学。拥有开放办学情怀的班主任，才能成为连接社会和学校的桥梁。

　　教育不只是班主任自己的事情，大包大揽只会让自己负重前行，而且收效甚微。班主任要创新班级管理的形式，带动科任教师及家长共同参与，发挥班主任领头雁的作用。

第二节 班级文化建设

一、让学生成为班级文化建设的主角

在建设班级文化系统时，我曾经向全班同学征求意见，征集班名。经过海选和集体商议，最终确定了我们的班名叫"淘智堂"。"淘"，指全班有 37 个孩子，都是聪明的淘气包；"智"，指人人都充满了智慧和灵气。孩子们希望"淘智堂"成为我们增长智慧、共同进步的空间。讨论和遴选班名的过程，其实也就成了这个班级目标走进学生内心的过程。这次班级议事，让我对学生们的创造力刮目相看，于是，我又进行了不少新的尝试。

（一）来自民间的"班级行动标准"

能不能因地制宜制定"班级行动标准"，让其像《小学生守则》一样，成为班级学生心目中真正的标准呢？我把权力交给了学生。

在那次班级议事会议上，我做了这样一段关于制定"班级行动标准"规则的演讲："制定'班级行动标准'时，要做到有趣、巧妙，才能让条款不被束之高阁，真正成为我们心中的标准。只有自己做得了主，班级才能成为我们的梦想国。如果'班级行动标准'的条款像一条条警戒线，无形中给本不宽敞的教室继续设限，就是对我们的一种束缚。我并不喜欢看到大家被'班级行动标准'弄得紧张兮兮的，并不是让大家有紧张感的制度才是好制度。"

怎样制定班级行动标准才最有效呢？要让行动标准来自"民间"，同时，又要让大家起到适时的监督作用。受同事的启发，我尝试让男女生互换角度为对方制定公约，男生来制定"淘智堂女生行动标准"，女生来制定"淘智堂男生行动标准"。这个想法一经提出，班上立刻炸开了锅。大部分同学都觉得这个想法好玩、有趣又有新意!

经过几番争执、讨论和修订,班上男生和女生代表分别起草了"男生行动标准"和"女生行动标准"。其中"男生行动标准"为:"戒教室暴力,要女士优先;戒两面三刀,要诚心待人;戒拖拖拉拉,要行动迅速;戒小里小气,要开朗大度。"这样的阳光男生公约,一眼就能看得出来作者群体。刚开始还有几个男同学在抗议不公平,可是谁不愿意在女生面前塑造一个良好的形象呢?如果一个男生在学校时能够做到彬彬有礼、有担当,就已经为长大后立世成人奠定了坚实的基础。而我们的"女生行动标准",也有着较为鲜明的性别特征:"戒当女汉子,举止要文明;戒当小气包,待人要宽容;戒当大懒猫,勤奋又用功;戒大手大脚,会理性消费;戒背后议论,敢有话直说;戒小里小气,要勇敢自信。"这样的阳光女生公约很有针对性,一下子点中了女生的"穴位",针对的是有些女生"背后议论人""花钱大手大脚""爱攀比"等缺点。男生不仅希望女生能够勤劳节俭,不做拜金女,而且还期待她们谈吐得体,能够以淑女的形象立世。这些针对女生在生活中真实存在的弱点所提出的中肯建议,分明是把女同学群体往"白骨精"(白领、骨干、精英)的方向上培养啊!

这两个公约让我这个做班主任的不得不感慨学生群体的力量,放手让学生去做常常可以给我们带来令人振奋的成果。从这样一个小小的尝试中,我们或许就会有所发现。班级公约不是法规。有效的班级公约一定是学生的自觉约定。班主任要坚持发挥公约当中的正能量,让公约不只是法规条文,更要起到行为矫正的重要作用。借助公约,约定的是行为的准则,形成的是良好的班风班貌。班级行动标准来自学生群体,是其共同生发出的成长心愿。要想"约"得有效,就要有趣,符合学生的真实需要和期待,从而对行为习惯产生影响。

(二)静心调研,制定《我的岗位管理标准》

每个学期我在进行班干部培训时,都不是填鸭式的灌输指令,为了充分发挥学生的主观能动性,我主动尝试给学生自主的空间,请他们思考个性化的岗位管理标准。充分地信任孩子,你会收获意想不到的惊喜!

我们班上有个叫陈委的同学，他忠厚老实，有几分木讷。为了减少班级同学对本子的浪费，我安排他承担管理本子的任务。一个小小的本子委员，竟制定出了这样的岗位管理标准：本子不统一更换，用完一本后经检查合格才能领新本子；有空白页者写完方可更换；未改完错题者改完方可更换。简简单单的几句话，既避免了全班统一更换本子造成的浪费现象，又堵住了同学不及时修改错题的漏洞。这个规定在执行了一学期后，班上浪费本子的现象有了明显的改观。

而负责管理电灯和电教设施的崔同学，还给自己立下了有清楚数据的军令状。我和他共同商议的管理目标是"在保证大家用电充裕的前提下，合理减少用电量"。如何实现这个艰巨的目标呢？经过一段时间的调研和冥思苦想，崔同学终于交上了令人满意的答卷。他设立的岗位管理标准包含以下几条：①人走灯灭，及时关灯。②少数学生在教室时，只开一半灯，大家自行挪至灯下。③重视自然采光，在阳光充足时使用自然光。④室内温度超过29摄氏度时再开空调。⑤投影设备用完及时关闭，不能长期处于待机状态。同时，他还设立了人人监督机制，每月登记用电度数，增设了节约用电的集体奖，带动所有同学齐抓共管。

二、软装风袭来，打造亮丽文化墙

很多看似普通的班级事务性工作，在找准了价值定位后，就会产生不一样的价值。

我刚刚当班主任的时候，把布置文化墙视为"包袱"，每次学校检查文化墙前夕，我就安排几个能干的女生各展所长，准备好书法、作文、美术作品，次日几位班干部啪啪啪一张贴，应付了事，常常还会得到相当不错的分数。其实，文化墙是班级文化建设重要的外显载体之一，也是班主任能提供给学生的"舞台"。班主任应充分地利用文化墙这一阵地，把平台用好，把文化味道做足。方寸天地，尽显功力。

如何把学校要求和班级特点结合起来，让文化墙成为展示班级文化最亮丽的风景线呢？

（一）打造全新风格

一成不变的风格会让文化墙成为学生的"盲区"。常常来点儿变化，通过翻新文化墙，教室里刮起软装风，让文化墙成为让孩子惊艳的一方魅力平台。

1. 背景风

把一张小报或书法作品直接贴到文化墙上会稍显单调。如果在下面衬一张彩色纸，马上就有立体感了。如果把作品贴在卡纸上，再卷个边效果就更好。借助电脑制作的喷绘背景，也已经成为了很多老师设计文化墙的首选。

2. 手工风

各类手工纸艺与平面墙交相辉映，也可以为班级文化墙锦上添花。例如，将一排用彩色纸做成的小风车贴在文化墙的四周作为边框，一阵风吹过，一排风车呼啦啦地转动起来，整个文化墙看上去就像一幅活动的画。

3. 立体风

在教室靠近走廊的窗户下沿拉上细细的麻绳，用小夹子夹上学生的作品。重重叠叠，呈现出葡萄架上枝繁叶茂的效果。再用绿色的卡纸剪成大的葡萄叶子，稍微卷点儿边，层层叠叠堆砌着贴起来。

4. 照片风

照片是班级文化墙上不可或缺的生动元素。设计班级文化墙时可以借鉴时下大家非常喜欢的照片墙的摆放方式。购买一些相框，放一些孩子们校园生活的照片，让文化墙显得更加生动和丰富多彩。

5. 手绘风

手绘墙来源于古老的壁画艺术，它结合了欧美涂鸦的一些特点，被很多前卫的设计师带入了现代家居文化的设计中，形成了独具一格的家居装饰风格。如果把手绘元素融入班级文化墙的设计中，也会起到意想不到的生动效果。

（二）设计特色栏目

除了玩"文化墙软装"，班主任还要对文化墙的栏目进行统筹设计。栏目可以按照学科展示、评比竞赛、团队建设、规章制度、知识拓展等多个维度进行设计，栏目名称应尽量生动有趣。班主任在设计栏目时就要考虑到主要参与展示的人员，尽量照顾到全体学生，涉及不同学科。具体可参考下表。

文化墙栏目设计方案

栏目方向	内容设计
课外知识	新闻天下、好书推荐、学海拾贝、开心一刻、培训园地、校园动态
评比竞赛	星光璀璨、排行榜、活动园地、本月明星、我们爱学习、光荣榜
学科展示	文艺范儿、体育范儿、精彩生活、学习园地、分享会、有模有样
团队建设	畅所欲言、我的心声、同学风采、生日榜、父母寄语、教师寄语、生日祝福、活动剪影、精彩回顾、快乐每一天、快乐家园、瞧这一家子、全家福
规章制度	通知、班级愿景、班务公开栏、消息广播、班级目标、信息栏

（三）内容编排要巧妙

提高栏目的内容质量，巧妙生动地编排内容，增强文化墙内容的互动性，都可以避免文化墙成为教室里的摆设。

1. 常规栏目，设计精致

常规栏目如少先队角、班干部设置表、收费公示等内容，能体现一个学校或班级的治学民主风气，常常是学校要求的必备栏目。稍显单调的内容信息可以通过增设卡通边框、加背景花边等形式略加装饰，靠精致的设计来吸引学生们的关注。

2. 全员参与内容，增加个性体验

全员参与的文化墙内容，如书法墙、绘画墙、手工墙等，则可以通过改变排列方式进行装饰，也可以在学生的作品上添加标签或小照片，来增加学生的个性体验。

3. 师生活动内容，画龙点睛

我们学校的一位数学老师曾经设计了一个"智力大富翁"栏目，每周老师出一道智力题，学生可以自己思考，也可以分组讨论解决，有了答案就可以提交给老师。在周五的数学课上，教师会公布答案并颁发奖品。一时间学生的兴趣十足，课余时间都在积极地思考问题，引来了邻班同学无数羡慕的目光。

为了配合班上的语文课外阅读，我曾尝试开辟专栏"GOOGLE 开眼界"，让孩子们在文化墙上张贴自己搜索到的与课文相关的资料。例如，班上刚开始学习《巨人的花园》时，已经有学生主动在教室专栏中粘贴出了王尔德的其他作品；班上正学习《爬山虎的脚》时，有学生在专栏中粘贴出了《那片绿绿的爬山虎》，补充阅读的文章与课文相得益彰。

很多老师坚持让学生自办彩色小报，这也是对学生综合能力很好的锻炼。重要的是，办报不能一交了之，要在文化墙上把更多学生的小报展示出来，大家互相品评，这样，五彩缤纷的小报便成了教室里一面生动的景观墙。

（四）因地制宜多尝试

不同的教室光线、格局均不同，这考验着老师的设计能力。如果遇到特殊情况，也不要怨天尤人，也许这正是因地制宜、改装设计的好机会呢！

1. 取材因地制宜

在农村学校中，教师可以在文化墙的旁边悬挂一两串干玉米、干辣椒或干大蒜，作为特色装饰；逢年过节的时候，还可以在教室门口张贴对联和大红福字……各种随处可见的小物件，都会给教室文化墙的布置增添几分乐趣。如果感兴趣还可以加一些创意设计。例如，准备背后粘有磁铁的卡片式课表，每天早晨轻松粘贴在黑板的一侧，提示学生当日科目顺序，方便实用。

2. 设计因地制宜

新换到一个教室，因为楼层设计的缘故，教室后方多了一根柱子，这可成了我眼中可以利用的好素材。我要利用这根四四方方的柱子做一个照片墙。我请孩子们从家中带来自己和亲人的亲密合影，加上相框，模仿时下最流行的照片墙的样式，把它们错落有致地钉起来，成为了教室里的一处风景。孩子们下课后总是在柱子旁驻足观看，高兴地向同伴介绍自己拍照片时的情况。

在柱子的一个侧面，我用泡沫塑料纸加彩纸做了一个多层的生日蛋糕，专门在下面的围栏中给每个月过生日的小寿星开辟出了专区。每个月我们都会在这个围栏中为过生日的小朋友送上祝福，十分受学生和家长的欢迎。

（五）放手人人参与

教室不同，文化墙的大小也大不相同。在区域有限的情况下，怎么拓展展示的空间呢？其实非常容易。

班主任不妨将文化墙划分一下，分给每个学生，成为属于他自己的"责任田"。例如，展示学生的书法作品时，在书法作品的上面粘贴一个印有学生名字的彩色字条，每周的书法作品都贴在上周的作品上面，不断地叠加上去，这样大家的作品都并列呈现出来，可以互相学习借鉴。每个孩子都不服输，都希望自己写得好一点儿，再好一点儿。这样，一学期下来，我们站在墙边逐一翻阅每个孩子一学期的作品，真的能看到孩子不断进步的过程。

刚开始设计文化墙时，可以由班主任和班内擅长美术的学生代表共同完成。等设计了几期文化墙后，就可以逐步放手给更多的学生，让大家都来体验一下这个过程。

班主任可以把不同的文化墙栏目交给不同的同学负责，负责的同学自行带小组成员搜集材料、打印成稿并完成后期的粘贴装饰。当然，如果是新手班主任，在最初布置教室的时候一定要亲力亲为，你首先要成为教室的主要设计师和统筹者。不加指导，随意放手给学生，需要有承担失败结果的勇气。

（六）增强学科联动

班主任不要做文化墙的霸主，而要让位给更多的兄弟学科，这样对孩子的全面发展能起到非常重要的作用。班主任要和科任老师共同商议，增强学科联动，让其他学科也有大放异彩的机会。

同学们在美术课上刚学会了用橡皮泥捏小螃蟹、小章鱼，这时不妨在文化墙上开设一个专栏，做个专题展示；孩子们在美术课上刚刚掌握了数字油画的技能，他们正兴致勃勃地展示着自己的作品，这时不妨在文化墙上腾出一块空间，让他们设计一个数字油画展……

班主任还可以为数学学科推出"神算手乐园""数学日记"等特色栏目，为英语学科量身定做"英语书写大王""英语阅读大王大比拼"专区，为班级体育锻炼设计"体育成绩动态折线图"等栏目，这样既可以给有不同爱好的学生提供均等的布置教室的机会，也可以让学生在课间有的看、有的学。环境的熏陶作用就是在这样多学科联动的设计中才能够发挥出来。

班级文化墙是展现班级风貌的主要平台之一。班级文化墙能彰显班级精神和班级特色，营造出来的班级文化氛围又影响着孩子的身心，从而促进班级精神风貌的深化建设。

三、这样的图书角，每个班级都想要

没有学生是天生讨厌书的。手边没有好看的书，平时没有看书的时间，是造成孩子读书少的外部原因。因此，我们需要给孩子们创设一个迷你图书馆。这是我们对孩子最有益的馈赠。建议每位班主任都在班级设立"班级图书角"，并以此作为自己班级阅读的硬件保障。

（一）图书的来源

收集图书是最考验班主任的环节。仅凭我们班主任微薄的工资不足以撑起这个图书角，所以要尝试借力经营。

1. 学生自愿捐借

班主任可以动员孩子自愿每月借出或者捐出自己已经阅读过的书，放在图书角供同学们交换阅读。这种大多数家庭都容易接受的方式，很容易就能让你的小小图书角拥有足够多的图书。

2. 家长捐赠

如果能够获得经济条件较好的家长的捐赠，也可以解决图书角建设之初的燃眉之急。在图书角走上正轨后如果有家长愿意捐书，班主任可以指导家长针对同学们都比较感兴趣的方向选购图书，丰富班级的图书。

3. 老师赠送

作为图书角的创建人，班主任的捐赠也是非常重要的。班主任可以从家中挑选一些适合学生的书带头捐赠给班级，能够起到良好的示范作用。

4. 从图书馆筹集

学校图书馆里的很多图书常常处于闲置状态，班主任如果能征得学校负责人的同意，以班级的名义借阅部分图书并定期归还，也是一种给图书角扩容的好办法。

（二）图书的管理

很多学校的班级图书角最后都无疾而终，大多数原因是书籍不能妥善保存，有图书丢失或者损坏后，班主任便不愿意再坚持。这就让我们不得不思考一个问题：如何管理图书角？

1. 登记图书信息，分类管理

图书角中所有的图书都要登记造册，并且按照不同的类别盖章或者贴上标签，具体可参见下表。

班级图书角图书登记表

编　号	书　名	来　源	定　价
1	《昆虫记》	刘廷睿妈妈捐赠	20.00 元
……			

2. 制作图书借阅登记表

班主任要设计简单的图书登记表，以便有效管理图书。学生每次借书都要登记借书人姓名、图书编号、借阅日期，还书时填写归还日期。要安排专门的图书管理员管理图书角，提醒同学在规定日期内归还图书。

3. 制定明确的图书管理办法

班主任可以利用队会时间和全班同学共同商定班级图书借阅办法，并在图书角显眼的地方张贴公布。具体可参看以下示例。

三年级（9）班图书借阅管理办法

①所有同学借书前必须在图书管理员处登记。

②借书、还书时间：××××，其余时间不可借书或还书。

③每人每次限借1—2本，一周内归还。如到期无法归还，必须提出申请。

④借阅者有保护书籍的义务，不得在书页上乱画，要保持书页平整干净。如有违反以上条例的行为，将丧失借书权一周。

4. 图书摆放整齐有序

在经济条件和空间允许的情况下，可以添置一个彩色的小书架对图书角进行装饰，也可以买一两盆绿植作为点缀。小书架可以使图书摆放整齐有序，方便借阅，绿植可使图书角更美观。

5. 贴一张温馨的感恩卡

对于由学生个人或者家长捐赠的书籍，为了表示感谢，班主任可以在扉页上贴一张温馨的感恩卡，这对于捐赠者而言也是一种荣誉和鼓励。

感恩的心，感谢有你

你好，你正在阅读的这本图书是我班×××同学的爱心捐赠，我们要怀着一颗感恩的心，感谢他（她）的一片爱心，爱惜这本书，好好阅读。

三年级（9）班全体同学敬谢

（三）设立专门的读书时间和地点

不要羡慕别人的图书角"高端大气上档次"。教师可以因地制宜，在教室内开辟出几平方米的小角落作为图书角。可以在墙上张贴推荐的新书封面，在墙角铺上几块花花绿绿的地垫，再从家中带来几个自制的靠垫，为学生搭起一个温馨的小角落。在喧闹的课间，爱安静的小朋友可以在这个书海里尽情徜徉，从而使教室实现静与动的功能分区。

班主任不要心疼书，看坏总比放坏强。因为弄坏或者弄丢了几本书而放弃读书行动，是典型的因噎废食。班主任可以在下午上课前匀出20—30分钟，将其作为固定的阅读时间；可以每周安排一些课外活动时间，将其作为固定的借书、还书登记时间。若不具备这样的条件，班主任还可以帮助学生抓住边角料的时间，比如课间休息时间、午休时间……

（四）建设阅读展示平台

班主任可以建设班级阅读展示平台，以活动促研究。

1. 文化墙上的"阅读成长树"

我们班设计了一张小小的卡片,学生在卡片上填上书名和自己的姓名,并让家长签字后就可以将其插在文化墙上的"阅读成长树"上。慢慢让自己的小树苗长高,该是多么有成就感的事情!每到月末、期末,学生们都会来盘点一下,回忆那些给自己留下深刻印象的书。

2. 用好阅读反馈表

班主任应督促学生坚持阅读。学生每阅读一本书,就要填写一次"阅读反馈表",反馈表的内容包括作者、主要内容、精彩片断、读后感等,以达到读有所思、读有所获的效果。

3. 读书笔记、手抄报展览

"记"是对"读"的强化,对"读"的深化。为了让读书笔记成为学生自由吸收和创造的快乐小天地,语文老师应认真教会学生做读书笔记的方法,培养学生养成"不动笔墨不读书"的良好习惯。

办手抄报可以锻炼学生动手动脑的能力,培养学生的合作意识,同时,办手抄报还可以记录班集体和个人成长的历程。可以将手抄报张贴在班级图书角,让学生欣赏、品味、回顾;还可以向校橱窗推荐、张贴手抄报,激发学生的创作热情,增强学生的自信心和凝聚力。

4. 开展读书竞赛活动

班主任可以组织学生开展读书竞赛活动,如:经典诵读展示、赏诗会、故事会、演讲比赛,走进童话世界、科幻世界,动物知识探秘、"好书推荐"、"诗配画"比赛、读书经验交流等。

5. 评选班级读书明星

班主任可以在班里评选读书明星、藏书大王、小博士等,在各种评比活动的激励下,学生的阅读热情会更加高涨。慢慢地,藏书会成为学生的一种习惯,看书则会变成一种乐趣。学生对阅读产生浓厚的兴趣后,就可以在书的海洋中尽情遨游！

苏霍姆林斯基曾说过，自我教育和个人的精神生活是从书本开始的。设立图书角不仅能增强学生的集体责任感和荣誉感，促进学生集体观念的形成和巩固，更重要的是能为学生提供丰富的课外读物，为培养学生的课外阅读兴趣、拓展学生的知识视野创造一定的条件。教师要抓住机会，努力营造积极向上、健康文明的书香文化氛围，创建书香班级。让学生与书为伴，与知识为友，学会爱书，学会看书，拥有一个书香浸润的童年。

第三节　班主任如何应对教育危机

一、面对班级突发事件，班主任要做到这几点

每个班级都偶尔会出现搅扰班主任工作心态的"大事"。面对突发事件，班主任应首先让自己平静下来，理性介入，同时尝试多方借力，改变闭门管理的传统状态，才有可能解决好问题。

记得几年前，我班上发生了一件让我震惊不已的事情。一个工作日的清晨，我刚刚吃过早饭，正准备批改作业，走廊里传来了一阵高跟鞋的响声。门被推开了，我抬头一看，是班上一位同学的妈妈。她说："田老师，不好啦，听其他家长说，班上出现了帮派组织，新来的转学生组织了一个'斧头帮'。班上很多男生都说最近班里的风气很不好。"

面对类似这样的突发事件，班主任该怎样处理呢？让我们借助这样一个特殊案例，来寻找解决问题的方法。

（一）充分调查，了解真相

班主任无论是从家长还是校长那里获得了信息，都要有在学生群体中调查的意识，充分聆听学生的描述，了解事情的真相，不要偏听偏信。在收到来自家长的"班上突现斧头帮"的线报后，我以问作业为由，和班上几位比较老实的同学谈话，悄悄摸了一下斧头帮的底细。班主任在调查问题、了解真相的过程中，要以学生为中心，专心致志地听学生讲，不轻易插话，不轻易评判。

（二）轻松幽默，解构组织

当学生对某个问题有了错误的认识时，班主任要保持头脑冷静，要先想办法帮助他们改正对问题的不恰当认知，帮助孩子辨析清楚这些行为为

什么是错的，同时还要给孩子指出一条正确的路，帮助其建构对相关问题的正确认识。拥有平和的心态和冷静的头脑，班主任的行为才能变得冷静、理智，师生间才能实现心与心的沟通。

通过和学生的谈话我摸清了斧头帮的底细。一节班会课上，我进班就开始点名，学生一个接一个被叫上了讲台，全都丈二和尚摸不着头脑。"斧头帮成员到齐了吗？""没有！"孩子们一开始有些慌神，明白我的意思后连忙检举。经学生七嘴八舌地检举，上讲台学生的总数增至十二人。我在一番问询后发现，一个小小的"斧头帮"，竟然还有组织、有分工、有帮歌。悲观派的家长要是知道这些，还不紧张到崩溃！

"老师，他是打手。"一时间，所有人的目光都转向了一个男孩。"哦！打人的人叫打手，那打扫卫生的人也可以被称为打手啦！我看你们这个斧头帮，不如改成'扫帚帮'。"

全班同学笑成一片。

我们继续就这件事情展开讨论。我问："你们认为什么是黑社会？"有的同学说黑社会就是欺负人的组织，有的同学说黑社会就是骗人钱财的组织……各种稚嫩的看法让人啼笑皆非。我以全国各地出现的黑社会的恶行为例，告诉学生黑社会是通过暴力手段非法谋取钱财，给广大人民的正常生活造成极大的危害的犯罪组织。

"你们认为他们是黑社会吗？""是！"学生不假思索地回答。

我继续说："我们来比较一下他们和黑社会的不同。他们有杀人越货吗？""没有。""这个斧头帮是以谋取钱财为目的吗？""不是。""他们有打死、打伤过人吗？"一时间议论声四起。一个学生站起来说："他们把人打哭过。"众生一愣，随即都开心地笑了。经过这么一比较，大家都发现所谓的"斧头帮"，不过是学生天真的游戏罢了。

"你们有没有人愿意退出斧头帮的？现在可以向前走一步。"我问道。学生纷纷大跨步向前，毫不犹豫要脱离这个组织。

（三）重组机构，用人所长

拆分学生的帮派组织并不能解决问题。要帮助学生重新建立对问题的认知，并扶上马，送一程，关注后效。同时，班主任面对突发事件中的关键人物要尽量从善意的角度去理解孩子的行为，注重用人所长，把孩子引到正确发展的道路上来。

在瓦解掉斧头帮的组织后，我话锋一转，开始赞扬这些同学，让同学们大跌眼镜："我对这件事情还有不同的看法。这些同学能够在学习之余组织起自己的队伍，足见他们精力旺盛，有时间做自己喜欢的事情。我还能看出他们当中很多人十分有才华。"啊?!组织帮会也能体现出才华?!众生愕然。"我们这个'扫帚帮'啊（众生笑），有组织有分工，这不得了啊! 这说明什么? 这说明他们的思路很清晰。"我说。

"我告诉过大家，思路清晰的人是能做大事情的! 这么有组织能力的人不当领导，谁当领导呢?"班里一片惊叹声，学生像是发现了新大陆。我继续说："编帮歌的同学，歌是编得太歪了。但我从中看出了他的文学才华，他能主动写东西，这是多么了不起的事情啊!"同学们瞪大了眼睛，既兴奋又好奇地重新审视着他们。

"这个帮不能散!"我斩钉截铁地说。"你们只需改变一下航向，立志为大家服务，就会受大家欢迎了。"不知是谁鼓起了掌，这掌鼓得很好很及时。"提一个小问题，我刚才说的'扫帚帮'，觉得还是很不雅。换成什么名字更合适呢?"我问道。大家稍加思考，便从"卫生帮""卫生团""雷锋帮"和"雷锋团"中确定了"雷锋团"这个名字。

我开始给各位帮派成员分配任职。帮主荣升团长，负责全班的卫生管理工作；团长自选一位助手任副团长，职责是保障大家能及时喝到纯净水；其他成员负责班级的日常卫生保洁。

下课铃响了，伴随着铃声，我带领"雷锋团"全体成员庄严宣誓："作为雷锋团的一员，我郑重宣誓，我要尽我所能，为人民服务，为同学服务。请大家监督我的行动。"宣誓后，我悬着的心终于放下了。但是我知道，未来还有一段相当长的路要走。

第一层启示：及时记录，深入思考。

回顾解决问题的过程，我有很多感悟。对于处于问题漩涡中的学生，我们要尽可能地加以保护。在引导转化学生的过程中，要努力寻找并充分开发每一个学生的长处，而不是抓住学生的弱点不放。通过"调查—解构—辨析—重组"这样一个可以移植的解决问题的过程，灵活应对，多方向化解问题。

班主任不妨将在工作中遇到的教育案例及时记录下来。在记录教育案例和教学随笔的过程中，你会不自觉地反思自己的教育理念、教学方法、教学决策与教学手段是否适用于当前的课堂，是否适合自己现在的学生，是否符合新时期的教育规律。有时，班主任对一些问题的认识是流于表面的、肤浅的。而一旦我们将某个案例、某个问题、某件事情通过文字来表达时，就会对这一具体问题认真思考、深入研究，由小到大、由表及里，揭示出问题的实质，从而达到深化研究的目的。

第二层启示：敞开门解决问题，增加教研意识。

这个案例曾经在 2013 年教育部基础教育一司的评比中被评为精彩育人瞬间。我有时会把它当作我教育生涯中的一个精彩案例来讲解。有一次，我在一次讨论会上提出这个案例，没有想到，当时每位老师都从自己的角度提出了不同的精彩建议。这也带给我一个重要的启示：我们呈现出来的精彩案例常常是站在独立完成的角度上去思考和拆解问题，而事实上有时候遇到的问题的难度已经超出了我们的个人能力，独立解决问题只能让我们无限扩大突发事件给班主任本人带来的冲击和烦恼，甚至伤害班主任对教育工作的信心和热情。

我们作为学科教师，集体教研已成为一种基本的工作习惯。然而，当我们以班主任身份出现的时候，常常忘了"三个臭皮匠，赛过诸葛亮"的道理，忽视了集体教研的力量，要面子思想严重。面对班级的突发事件，班主任更应该带着问题回到办公室，和同事们开展办公室教研，听一听其他同事的建议，并将他们的建议进行合理重组，筛选后成为自己处理问题的新思路。

二、每个问题学生都是一个科研课题

"田冰冰老师是一位既专业又专心的老师。"这是一位家长对我的评价。专心是我多年来养成的习惯，我努力尽职尽责，但离"专业"二字还差得很远。这句评价让我进一步思考：如何提高自己的专业发展水平，如何让观察和记录更好地为教育教学服务？

我认为，教育中所有观察和记录都应该聚焦到"科研"上。看到"科研"二字，我们一线老师首先想到的是写不完的材料和报告。事实上，我们可以在自留地里进行草根研究。这样的科研方式既可以让我们摆脱形式上的束缚，又可以取得扎扎实实的效果。

科研是一种看教育的眼光，同时也是一种琢磨教育的思维方式。从点点滴滴的教育行为中找出自己的兴趣点，再沿着这一处慢慢挖掘，只要有恒心，还怕研磨不出思想的真谛吗？也许我们成不了教育科研的巨匠，但是日日斟酌，总可以成为技艺精湛的"卖油翁"吧。

每个班级里，最让教师伤脑筋、费精力的常常是少数特殊学生。他们在班级里的表现往往与众不同，或自以为是，或自暴自弃，或孤独封闭……穆源（化名）就是其中的一位。

我们正在办公室教研时，从走廊上传来了穆源高声叫骂另一个女生的声音。从那一刻起，我下定决心要特别关注他。我采用连续观察并记录的方式进行个案研究分析，进而寻找可以改变他的契机。我有一本厚厚的学生个案研究日记，整本记录的都是穆源的故事，我将之取名为"为你朝思暮想"，它表达了我要坚持做个案研究的决心。

（一）多角度观察，寻找问题成因

10 月 13 日：英语课上，穆源愤怒地冲出了教室，在五楼大厅里高声叫骂。

10 月 15 日：晨练时，他扇了女班长一个耳光。他给我的解释竟然是因为闲着无聊。上午的体育课上，他又拿砖头砸了一个男生的头。

10 月 23 日：上课铃响后仍不进班，科任老师提示他该进教室了，他试图反抗，还踢了老师一脚。

……

相信你能从这样的记录中,感受到他给班级和老师带来的困扰。

暑假里,心理医生在对这个孩子进行了测试后认为,他虽然已经十一岁了,却只有六七岁孩子的智力水平。这个孩子热爱阅读,看报纸是他始终不变的爱好,这让他的语文成绩始终稳居中游。然而,他很不合群,再加上攻击性比较强,常被同学们孤立,因此,他不愿意与同学交往。穆源生活在一个相对狭窄的自我世界中,他行为随意,自控能力比较差,因为小事和同学起争执更是家常便饭,个别时候还大打出手。

是什么原因让他的行为如此反常?我对这个男孩的父母进行了访谈。

通过访谈我了解到,穆源的父亲从政,母亲无业,孩子自幼就处在双重模式的家庭教育中。父亲奉行传统的棍棒式家庭教育,稍有不如意就对孩子大打出手,加剧了孩子的逆反心理,让其产生了暴力倾向。访谈中,他说的一句话很有代表性:"我知道打人不对,但是孩子犯了错误,我总要打他几下才解气。"

穆源的母亲长期对孩子娇生惯养,十分溺爱,使孩子十分自私、任性。家长稍有不顺从,孩子就会哭闹,又摔东西又绝食。家长也就只好妥协、退让、顺从……孩子就是在这种充满矛盾的家庭教育环境下成长起来的。

(二)持之以恒,师生共同进步

1. 积极对话,巧妙引导

当问题出现的时候,不要盲目抱怨,而要积极地采取行动,放低姿态,与学生平等对话。教育中出现的问题也是老师提升教育能力的契机。

10 月 23 日访谈记录

放学后,我与穆源同读儿童情绪管理图书《我需要爱》。我告诉他,我很疲惫,请他读给我听。书读完后,我问他"爱"的含义,又很真诚地告诉他,以前他曾经在我累了的时候主动帮我捶肩膀,我能感觉到他的爱。听了这些话,他笑了,笑得很开心。

我追问："那我有没有给过你爱呢？"他连连摇头。我夸张地张大嘴巴，他马上纠正说："有的。你给我买报纸，你和我一起读书，你请我喝酸奶，你上课时做我的同桌。"

"那数学老师有没有给过你爱呢？生活老师呢？妈妈呢？"我慢慢追问，慢慢聆听。

……

"那同学们有没有给过你爱呢？"我问。他从愉快的回忆中醒来，斩钉截铁地连连摇头，不满地说："没有，一次都没有！"

"不会吧？"我装作十分吃惊的样子，"难道没有人帮助过你吗？"

"哦，有，有。"他回忆着，"小婷、小亚……都借过我东西。""哇——"我表情夸张地说："你有这么多朋友啊！"他似乎有些不好意思，又有点儿得意。"从一件小事情就可以让我看出你人缘很好，你真了不起！"我竖起大拇指朝他微笑，他也咯咯地笑了起来。

"你肯定也回报过他们！"我说。穆源听了我的话摇摇头。我追问："不对，你给大家读报纸，这叫不叫爱的付出呢？"他笑着打开了记忆的闸门。

"你真是一个爱的大富翁啊！有这么多人爱你，你也用爱来回报他们。"我由衷地赞叹。

穆源畅快地笑起来，我说："我得跟这个爱的大富翁握握手。"他伸出小手，很温暖。随后，他有礼貌地告辞，并帮我轻轻关上了办公室的门。

今天，我要为自己的耐心聆听并适时地巧妙引导鼓鼓掌。也许一次谈话的效果不能持久，但是，今天真的是迈向成功沟通的重要一步。

2. 以"优"化"劣"，促使学生蜕变

教师要引导这些有问题的学生找到自己在班集体中的位置，并为他们创造发挥才智的机会。学生越是有不足，班主任越要寻找他们的闪光点，为他们寻找充分表现自我的舞台，以"优"化"劣"，促使其实现真正的蜕变。

穆源喜欢看报纸，对朗读颇有兴趣。我特地在晨读时间为他设立了一个"朝闻天下"栏目，请他每天读报纸给全班同学听。同时，为了增加他和全班同学直接交流的机会，我还请他来当中午"自主八分钟课程"的主持人。虽然有可能暂时降低上课的质量，但却可以看出，他与其他同学交流得很愉快。

3. 家校合力，帮助学生转型

班主任同时要做好家长的思想工作，把家庭教育与学校教育紧密结合起来，形成教育合力，为学生顺利转型创造良好的教育氛围。

10 月 26 日访谈记录

穆源在体育课上用砖头砸了另一个男生的头。他爸爸知道这件事情后，不由分说，就把穆源痛打了一顿。

次日晚，我拨通了穆源爸爸的电话，聊天中我发现他对于儿子的教育目标非常清晰，然而却丝毫没有跟进的行动。这一发现让我如获至宝，也许这正是对穆源的教育一直不见成效的根源。

针对家长的问题，我提出了三条行动建议，分别是：求助于专业的心理咨询人员；能够动口的时候就不能动手，用语言交流来解决问题；可以与穆源拟定行为约定，用小奖品来奖励他。

现在看来，我提的建议穆源父亲都在逐渐落实中。周五，我给穆源爸爸布置了新的作业：给孩子添置足够的文具，避免因为缺少文具而和别人发生冲突；为穆源购买他很想继续看的《儿童情绪管理图画书2》。

与家长的联系沟通让我找到了问题的根源。面对棘手的问题时，花时间深入调研，剖析原因，才有可能解决问题。我们在教育过程中，同样会出现"教育目标清晰，却丝毫没有跟进行动"的现象。此时，不盲目抱怨，寻找一种清晰的思路，才是解决问题的有效策略。

穆源爸爸的暴力行为是造成孩子情绪紧张的主要成因，班主任必须说服家长改变家庭教育方式。只有把家庭教育、学校教育、社会教育有机地结合起来，我们才能改变被动的教育局面，实实在在发挥教育的功效。

穆源的不稳定表现，每天都给我的工作提供了崭新的案例，这是对我的历练。我要把这个个案研究一直记录下去，和这个孩子共同成长。

同时，对穆源的连续关注也让我感受到了教育科研的魅力。在这个过程中，我不断地观察真实的生活，记录自己的教学过程，从不同视角辩证地看待自己的教育行为，不断进行调试。

在面对这些有问题的学生时，只要我们坚持"不抛弃，不放弃"的原则，就一定会使学生走上正确的人生轨道。而在持续关注这些学生，不断探究和发现的过程中，班主任也能看到自己的教育能力以及写作能力的提升。

三、化解危机，从学会倾听开始

印度哲学家克里希那穆提《一生的学习》一书中，让我印象最深的一句话就是，"不加任何评价的倾听，才是真正的聆听"。看到这句话时，我忍不住反问自己："作为班主任，我会倾听吗?"也许，在很多时候，我依仗自己的阅历，在还没有听学生讲完时就盲目草率地下结论了。如果对这样的日常"断案"追究一下成功率的话，也许早已判过了很多错案而不自知。

学会倾听，关注学生当下的情绪，理解并支持、帮助学生。这话说起来容易，做起来却太难了。我们常常被突发事件弄得手足无措，似乎根本来不及思考更好的方式方法。我认为，班主任首先要走出传统经验的沼泽，打破对自我权威的迷信，摆脱以自我为中心的想法，试着提高对他人需要的敏感度。

上个学期，班上曾经流传过一个由苹果引发的谣言。

"老师！不好啦！小姜往水果桶里撒尿了。"一个学生冲进办公室，冲着我喊，"半桶苹果都要丢掉了，已经没有人愿意吃今天的苹果了！您快去看看吧！"我急忙站起身，接过苹果，快速向教室走去。

"小姜，水果桶是怎么回事?"

"洗苹果的时候，有一个苹果掉在了地上，我捡起来洗干净，又放回了水果桶里。"

生活老师也解释说："小姜已经向他们解释过了，但他们还是不信。"

"妖言惑众！"我愤怒地低吼了一声，不再追问其他人。我举起了手中的苹果，班里很快安静了下来。我当众吃了两大口苹果，顿了一下，望着众人，目光坚定地说："我相信他，你们呢？"

过了一会儿，大家陆续拿起自己的苹果吃了起来。

午会时间我走进班里，平静地说："我刚才接到校门口保安处的电话，说小伦周日到校后和前门保安大吵大闹，还骂了保安叔叔。"

这个消息一发布，很多同学都大惊失色，所有人的目光都不约而同投向了一向忠厚老实的小伦，仿佛在说："你可是班里最善良、最温和的同学啊！"不一会儿，有学生反应过来了，大声说："不可能，他怎么会无理取闹呢？"

"是啊！"

"是不是搞错了？"班里一片质疑声。

我并不理会，继续发布消息："电话中还说，小昕在小操场玩体育器械时，撞伤了其他班的同学，还没有道歉。"

"这不可能！"

"对，绝对不可能！小昕无论如何也不会这样做。她是我们的班长，她一直是我的榜样。"

"……"

"我很欣慰，大家听到令人匪夷所思的消息后，能开动脑筋来判断事情的合理性和真实性了。"班里鸦雀无声，我顿了顿，说："那小姜洗苹果的事呢？"

有的同学不好意思地低下了头，有的同学吐了吐舌头，脸一下子红了，可谁都没有说话。

"谁来说说你对小姜的印象？"我说。

同学们陆续站起来，表达了自己对小姜热情、善良、乐于助人品格的欣赏。

我微笑地望着差点儿被谣言淹没的小姜，又面向大家深情地说道：

"小姜是个多好的孩子啊，大家在休息玩耍时，他主动帮老师洗水果。他是老师最得力的助手，他也应该是你们最值得信任的朋友！"

所有人都注视着小姜，他似乎有些拘谨。我用期待的眼神看着他，他终于鼓起勇气站了起来，轻声说："我愿意继续给大家洗水果。"教室里爆发出热烈而持久的掌声，大家都在使劲地鼓掌，似乎在用掌声表达着歉意。

我至今还觉得有点儿后怕，如果我轻信了谣言，狠狠地批评了小姜，不知道会给孩子带来什么样的伤害！

多年以后，每次再想到这件事时，我还会这样问自己：如果当时小姜真的在苹果桶里撒尿了，我作为班主任，又该怎么做呢？我的答案是，毫不犹豫地站起来替他抵挡舆论的唇枪舌剑，保护他不受伤害，然后再以稳妥的方式来解决问题。

在人际互动中，有65%的信息是以非言语形式传递的。要想准确把握并理解他人的感受与意图，就要养成仔细观察的习惯，把非言语信息当成了解他人的重要线索。一个眼神，一声叹息，一个欲言又止的表情，一次嘴角的牵动，一次稍纵即逝的皱眉，都可能反映出人的内心需要。我们要从这些细微的非言语信息中了解孩子的需要，了解家长的需要。我们要学会通过非言语信息来增加对他人的了解。

不论我们在主观上多么努力地去理解他人，也不管我们自己多么善解人意，都有可能受到个人经验、阅历的影响而误解学生。我认为，真正的理解应以倾听作为前提，以准确表达自己的理解作为结束。所以，我们不妨做一下这样的练习：以学生为中心，专心致志地听他讲，不轻易插话，用表情、姿势来回应他，让他知道你在仔细倾听。不去评判或者延迟评判，是良好倾听的秘诀。过早地评判很容易影响我们对学生的理解，可能我们还没听到几句话，就已经急于做出自己的判断了。这容易激起学生的反感或者家长的不满。当我们必须要指出和学生、家长思想认识上的差距时，完全可以礼貌地表达出来，通过提问确认问题。好的倾听离不开提问，提问不仅是为了确认对方想要表达的内容，而且也是要让对方知道我们是真心想要理解他的。

四、班主任，请摘下你的有色眼镜

记得我刚工作的第二个学期，班上学生纷纷报案称学习用品不翼而飞。这件事影响了我的正常教学，我不得不召开专题班会来解决此事。

当时我还没有多少经验，没有足够的教育智慧来解决这样的问题。一番威逼利诱之后，我请全班同学在走廊排队，依次单独回班。我告诉学生，只要主动将同学的东西退回我就既往不咎，否则，将进行全班物品的大检查。

我留了个心眼，在离门不远处找到一个合适的角度，通过玻璃的反射观察单独走进教室的学生。竟然是她！那个口齿伶俐，来自单亲家庭的小红！她甚至一次抱不下，需要两次才能将全部东西返还。

我脑海中不禁想起一位家长前几天对我说的悄悄话。家长小心翼翼地对我说："老师，我告诉你一个情况，咱们班小红在上一年级时，总是偷偷拿别人东西，被老师抓到过很多回。就因为这个原因，她才转学来读二年级的！这是她第二次转学了！"这位家长还不放心地叮嘱我："老师，你多留心呀！"

想到这里，我恨不得马上将事实公之于众，把她送上道德的法庭。

我努力克制着情绪，不断告诫自己：冷静！冷静！我一直压抑着自己，直到放学。

晚上，我和几位朋友小聚。闺蜜见我脸色铁青，问："你们班上的那帮娃娃又把你怎么了？"

我气愤地讲出了事情的原委，大声说："真是不争气，一定要找她的家长，好好教育她！"我斩钉截铁地叙述着下一步的打算。

"不！千万不要！"闺蜜的声音中带着一丝焦虑。

"为什么？"我十分诧异，反问她，"难道你不知道养成好习惯对于孩子一生发展的重要性吗？"

"因为……因为……我曾经也是这样一个孩子。"朋友慢慢地说道，"我上小学的时候，家境并不宽裕。我爸爸领了工资就搁在柜子里，我发现了这个秘密，开始从中抽出一毛、五毛当零用钱，直到有一天将十元大钞塞进衣兜……"我惊讶地望着闺蜜，目瞪口呆。

闺蜜继续说："似乎一直没有人发现我这样做。我屡次得手，并暗自得意。直到有一天，我爸告诉我：'娃娃，要节约啊！'我才猛然发现，所有的自以为是都是父母对我的宽容。从此，我的脑海中总是浮现出老爸忧心忡忡的样子。我再也不敢偷钱了。我想告诉你的是，你得相信你的学生，每个人都有自我反省的能力。你看我，并没走上歧途，是不是？"

沉默片刻后，我仍然不能完全接受她的观点，试图争辩。闺蜜不耐烦地说："好啦，难道你从小就没犯过类似的错误？"

我转念一想，扑哧一声笑了："也是，我小时候还曾经从我爸衣兜里偷拿钱去做雷锋，让那个穷困的男生感动得哇哇大哭。"

"哈哈哈。"闺蜜笑倒，"这不是也没影响你成为好班主任吗？"

考虑再三，我勉强接受了闺蜜的建议，决定以更委婉的方式处理这件事。我心平气和地告知了家长这件事情。尽管我努力表现得很平和，试图不揭开家长回忆的疤痕，但我分明看到家长和我谈话时的不自然。他的嘴角有一丝抽动，反反复复地说："家里一定加强管教。一定，一定。"

没隔几天，学校放五一长假，她离校后就再没有回来。我打电话询问时，才得知她已转至其他学校。

小红的离开让我的心中好像打翻了五味瓶。我时常伫立在讲桌前，望着那张空桌子，暗暗自责。是我操之过急，逼走了她，留下一个没有结尾的教育故事。

在处理这件事时，我心头的焦虑和让事情水落石出的渴望占据了上风。尽管我告知家长时尽量做到语调平和，但这种心底的隔膜，可能还是让敏感的孩子和家长察觉到了。或许，正是这种小心翼翼，让家长看到了隔膜。于是家长只有习惯性地搬迁，期待再遇转机。

面对学生令人抓狂的"顺手牵羊"行为，班主任心头的焦虑，让"恐吓"和"逼供"成了解决此类问题的常规手段。这种操之过急的"审讯"，常常成为引发冲突的导火索，将事情的负面影响扩大。

班主任的急切心理，使"顺手牵羊"行为被贴上"偷窃"的标签。来自师生异样的眼光，把孩子打入冷宫，让其久久抬不起头。老师带着这份怒其不争的急切心理，常常在第一时间寻求家庭的帮助，这也点燃了家长的焦虑情绪，让孩子承受不同层面的指导、训斥。思想的枷锁，不仅锁住了"顺手牵羊"的小手，而且也抑止了舒展生长的童心。

我们应摘下有色眼镜，相信孩子，相信每个人都有自我反省的能力。在面对此类现象时，班主任要先放一放，让气愤的心情平静下来，斟酌筛选解决问题的策略，再去和目标学生谈话。毕竟，我们的职业不是"警察"，不以让案件真相大白为目标。班主任的职业更像是"医生"，以调适和帮助学生发展为目标，敲山震虎不失为一种好方法。班主任在询问的过程中，应关注并理解犯错的学生，注重疏导和帮助，从问题生成的根源处对症下药。

第四节　构建班级多元评价体系

一、"面包长霉实验"告诉我们的四大评价原则

随着时代的发展，在教育教学的过程中评价被置于日益重要的位置。好的评价方式不仅有利于学生更好地体验学习过程中的进步和成功，还有利于学生认识自我，建立并保持自信。同时，好的评价方式还有利于班主任获取学生的反馈信息。

（一）评价应成为促进学生认识自我的推手

假期里，好友的孩子做了有关"面包在什么条件下会长霉"的实验。朋友给我发来了他对孩子的实验报告所做的点评：

你现在应该知道"纸上得来终觉浅，绝知此事要躬行"的道理了吧！自己亲手做实验获得知识，比你从书本上看到或从老师那里听到，更容易记住，也能记得更长久！另外，这个实验告诉你的不仅仅是"面包在什么条件下会长霉"，还有在实验过程中你必须静下心来，认认真真地操作、观察、思考、分析、总结。其实，这正是我们在学习和生活中需要养成的良好习惯。将来有一天，你会放下课本，告别老师，离开学校。当你不再是一个学生的时候，当没有人要求你学习的时候，这个习惯还能让你源源不断地获取知识，让你渐渐成为一个博学的人、一个有思想的人。

朋友的点评写得不错，道理也说得到位。但我认为，评语应该帮助人更好地发现自己的优点，而不要沦为"大讲中心思想"的平台。

我随手写了一则评语：

小作者的实验报告令我这个成年人非常惊讶。首先，小作者对看似平常的事物背后所蕴藏的科学原理，有着强烈的好奇心，并采取行动开展研

究。其次，小作者能够注意到不同的实验个体之间细微的差别，而且具备持久观察的耐力，这些都是成为大科学家的必备素质。最后，小作者的文字简练，干脆明了，行文不拖泥带水。冷静做事，简练下笔，我为你点赞！

我想强调的是评价的时机问题。在学生最渴望得到认同的时候，最希望得到肯定的时候，教师应紧扣过程中出现的亮点，及时给予激励性评价。学生的周围不缺中心思想，教师的评语应引导学生更好地认识自己，刺激其新的行动渴望。

（二）评价要有发自内心的赞赏及真情

朋友对我的评语不是很满意，直言不讳地告诉我：第一，表演性太强，不够真诚；第二，给孩子的评语中全是表扬，没有提醒孩子对实验进行反思，而反思是任何科学研究都不能缺少的。

不从事小学教育的人，很难理解从事小学教育的乐趣。小朋友常常带给人惊喜，这是工作中的一种乐趣。冷静惯了的朋友看到我表现出来的惊喜，竟觉是表演，我无言以对。

我仍然坚持认为，一个小朋友能把实验报告写得这么清晰，真的好能干！他应该得到100%的表扬，他的第一次科学实验值得100%的表扬。

面对孩子的首次科学实验，评价不要具有过多的"政治"意味。此时评价最重要的任务，是保护孩子对科学实验的好奇心和成就感。不要让每一次评价都承载过多的东西，而要让每一次评价都能触动孩子的心弦。评价本来就应该是启自内心，直达内心。如果不能实现心与心的共振，评价的意义何在？

（三）评价要给出科学有效的方法指导

朋友觉得，这个实验做完后，这件事还没有结束，还要反思一些事情。比如，他对实验报告有这样一段点评："你做这个实验多用了好几块面包。如果全班同学都做了这个实验，都用了这么多面包，那会浪费多少粮食呢？当然，也有人会说，为了学习研究我们不得不这样做，这不算糟蹋粮食。对这个问题你有什么意见？你有没有更好的处理办法？"

在上面这段点评中，朋友并没有认定用面包做实验就是浪费，而是设置一个现实中的两难问题，让孩子自己去判断，去得出结论。他认为这种启发式、体验式的价值引导，才是有效的道德教育。

我为这个评价而感到深深的焦虑。一个科学实验完成后不去归纳反思与实验本身有关的东西，却将焦点聚集在道德教育的自我检讨上。这是对"反思意识"的狭隘理解。

我不反对反思，家长有反思意识我很赞赏，然而我更愿意这样告诉孩子："反思不是检讨。首先，我们需要退后一步观察自己，观察自己哪些地方做得好，值得坚持。例如，超强的行动力，持续细致的观察等，都是你的优点。然后，我们还可以思考怎样改进实验，优化过程。例如，怎样做更节约实验用品？怎样让实验过程不受外在因素的影响？……很多科学家都是不满足于现有成果，持续研究，最终取得突出的成就。受你的小实验的影响，我也开始注意生活当中的一些细节。你若还有什么感兴趣的问题，就让咱们一起设计新的实验吧！"

（四）评语要始终聚焦原点

评价不要脱离问题原点，合适的评价应该能够助推事情深化发展。

实验中如何减少面包的浪费现象，是一个如何优化实验过程的问题。评价最重要的是关注学生整体的成功，呵护他们的成就感，激发他们继续玩科学、爱科学的热情。而不应仅仅放大浪费这一点，引发有关节约的讨论。

朋友说，一个好的科学实验是不能仅仅关注科学本身的。否则，很可能造成人对科学的盲目崇拜和追随。只有"科学＋人文"，才是安全的科学教育。而我的想法是，让一个实验承载了太多的东西，进而转向了道德层面的讨论，便容易忽略对孩子探索积极性的及时呵护。

我宁愿，在一个小朋友刚刚冒出玩科学、爱科学的兴趣时，挺身而出替他抵挡批评的唇枪舌剑；我更愿意，陪着孩子一起选择下一次科学实验的方向，然后去欣赏他的新作品。我认为，评价不应让孩子陷入无休止的道德两难问题中。

面对科学实验的激励性评价是这样，教育中的很多问题也都是这样。

二、看，日常评价的神奇作用

舍不得花大力气夸奖，不舍得给予学生充分的肯定，始终是班主任日常评价中存在的问题。班主任在这一点上要多向家长学习。

现在的学生不是夸多了，而是夸少了。这不，我常常在课余和学生聊天时，满怀憧憬地追问学生：这一周我表扬过你吗？我充满渴望的眼神，常常会迎来学生毫不犹豫地摇晃着的小脑袋。我们的课堂看似充满着激励性评价，事实上，能够分到每个孩子身上的机会实在太少了。

（一）针对学生个体的评价方式

每个孩子都期待着被充分地肯定，但是往往迎来的都是老师有所保留的冷静的称赞。"你的作业交得真早！要是能再写得工整一点儿就更好了。"这样的评语似乎成为了老师日常评价中一成不变的套路。与之形成鲜明对比的是家长在孩子幼年时候的评价方式，家长常常把最高的称赞毫不吝惜地送给孩子。"你是世界上最善于动脑筋的孩子！""最聪明的宝宝就是我的儿子。""你太棒了，你可比爸爸五岁的时候强多了！"……这样的话语体系给孩子带来的成就感是大不相同的。老师往往夸得拘谨，夸得冷静，没有办法激发学生的热情。

1. 抓住变化放大夸

班主任不妨多向家长学习，带着更多的爱去看待孩子的每一点儿进步，甚至不介意将孩子的进步放大。班上一位新转来的女同学，写作文非常吃力，不仅文不对题，而且整篇都很难找出几个好词好句。这样的"凌乱派文章"，着实令人头大，我简直不知道该从哪里下笔。再三思量之后，我从文中勾出几个普普通通的表示动作的词和一个"稀有"的四字词，并在文后夸大其词地写道："没想到你这么善于运用好词好句，几个表示动作的词语，把人物的动作描写得活灵活现，让人如临其境，好像真的看到了姥姥包饺子的过程。有这样的写作功底的小朋友，一定有着大作家的天赋。"这位女同学接过我递上的作文本后，眼睛一下子亮了，她从来没有想过，顺手应付的作文，还可以取得这样的成绩。她看啊看啊，满脸都是开心的笑容。她无法按捺自己激动的心情，悄悄地和同学炫耀着这突如其来的荣誉。这种由评价激发出的写作兴奋劲儿，让我心头一震。

2. 继续关注连续夸

我持续关注这位女同学作文本上的用词，一个用得恰当的标点，一个用得准确的生词，哪怕有时只是一句很普通的描写都被我细心地圈出来。我还在作文结尾处给予充分的赞美。我连续关注这个小女孩儿的作文，这点亮了她的心灯。她每次在写作文的时候，都有意增添不少词语。写完了作文，她还用铅笔轻轻勾勒出好词佳句，以便我批改作文的时候，能够尽快地发现它们。我永远记得自己儿时对老师批改作文的红圈的渴望，当我去判别学生的文章时，我毫不犹豫地扮演着一个大方的给予者。事实上，越评价，越成功，越成功，越轻松。正是这样的连续关注、连续夸，把一个以往将文章写得一塌糊涂的小女孩推上了爱写作的轨道。

3. 告诉他人一起夸

日常的评价不应成为师生之间的秘密。老师应充当大喇叭和传声筒，告诉不同的人，一起来夸赞孩子，给予孩子激励性评价，这样往往会事半功倍。把表扬的话说给其他同学听，让其他同学投来羡慕的目光；把激励性评价讲给家长听，家长在家庭里再次给予孩子正向评价，给孩子鼓劲儿……反复地被夸赞，学生巩固了自信，产生了良好的向师性。此时，学习便不再是被逼迫完成的任务了。

（二）针对学生群体的评价方式

面对学生多元化的发展目标，我们对学生的评价理念和评价方式也必须进行更新和改造。一般来说，小学教育工作者的激励性评价方式，大多能体现激励、导向、纠错、创新等功能。班主任的激励性评价方式可谓五花八门，多种激励性评价方式在各班的教学工作中起到了不可或缺的作用。下面介绍一些效果比较好的集体评价方式。

1. 有生命的红花树

我们学校的文化墙给老师提供了充足的再创造的空间。在中低年级，我和同事们都会利用这个文化墙为孩子设立激励性评价的平台，让墙壁说话。其中，"有生命的红花树"就是其中比较受欢迎的一种形式。每棵蓬勃生长的红花树下面都书写着孩子的姓名，象征着每一个孩子，每当孩子有不错的表现时，老师都会送给他一朵鲜艳的小红花。孩子们会把它小心翼翼地贴在自己的小树上，再三欣赏。孩子的进步赋予了红花树生长的力量。进入班级，看着这些小树，你仿佛能看到孩子们的成长足迹。这种方式可以让你对孩子近段时间的表现有横向和纵向的了解，看到学生的发展过程。

2. 卡通过关卡

为了调动孩子们完成学习任务的积极性，我设计了卡通过关卡。完成了某一个学科的教学任务，比如通过单元素质检测或者完成一次课文背诵，都可以得到一张过关卡。学生会高高兴兴地把它贴在书上，或向家长换取一点儿小奖品。过关卡的设立激发了孩子学习的动力，激发了学生的内在潜能，对教学工作起到了一定的促进作用。

3. 个性化的表扬信

一位细心的同事意外地在广告上发现了"表扬信"，价格在每张五分钱左右，有很多种不同的花样，色彩鲜艳的卡通图案加上个性化的表扬内容，令学生们无比向往。每周五，我都会用表扬信来总结孩子们一周的表现，无论是一篇精彩的习作，还是一次精彩的发言，或是有礼貌地向老师问好，都可以得到老师的鼓励。表扬信的优点就在于它立足于很小的点，持续关注孩子的个性发展，值得班主任们借鉴。

激励性评价方式还有很多，但事实上万变不离其宗。这些方式可以对班级管理工作起到良好的辅助作用。

激励性评价不是简单的表扬、表扬再表扬，而是运用善意而恰到好处的激励，不断地在学生心中点燃求知的火花，激发他们憧憬美好校园生活的愿望，不断使学生品尝到成功的快乐。评价的根本目的，是为了促进学生的个性化发展，帮助孩子培养起自信心。教师不经意间说的一句话，很有可能深刻影响学生对学习生活的认识、情感和态度。

班主任应练好评价的基本功，注重评价方式，把握评价时机，充分发挥激励性评价方式对学生成长的导向、激励和调控的作用。用心观察孩子成长中的点滴进步，欣赏他们，给予他们即时性的评价，你一定可以真正走入孩子的心田。

三、想要夸出好学生，不妨试试这些创意评语

班主任在写期末评语的时候常常发现，撰写优等生和困难生的评语时总有写不完的话，而班上有那么几位学生，性格、成绩、表现大体相仿，要找他们的相同点容易，要寻找他们的不同点实在是太难了，这就造成了另一种教育不公平——学生进入同一个班级，得到的关注却大不相同。能不能改变一下期末评语的形式，让每个孩子都得到个性化的评价？近年来，我们开始尝试改革期末评语的呈现形式，受到了学生们的欢迎。

（一）改革评语呈现形式

1. 贺卡评语，充满年味

秋高气爽时，我们提前邀约科任老师和同学们合影，所有的老师簇拥在每个孩子周围，微笑瞬间被定格。元旦后，我精心选择了火红的贺卡，贺卡里粉红的信笺内页一侧贴着这个孩子和所有科任老师的合影，另一侧则写着班主任对孩子的祝福和充满期待的评语。例如，"姣姣：一想起你，我马上就想起跳跃在课堂上的那两条小辫子。你整天叽叽喳喳的，活

跃得很。你思维敏捷，心细神聚，做事积极热心。希望你能在假期里徜徉书海，继续探索瑰丽的文学世界。"

把火红的贺卡变成评语单，这个创意一经试用，立刻受到了学生们的欢迎。

2. 三联评语，多方激励

元旦前，我设计了一张三联单式的评语，一格属于家长，一格属于老师，一格属于和学生要好的小伙伴。老师让出三分之二的空间给家长和同学，让评语不再是班主任老师的一言堂，而成为多方对学生的激励性评价。"家长评"由爸爸妈妈商讨填，"朋友评"由和学生最要好的小伙伴讨论填，而"老师评"在这个三联单评语的最后，实现了对学生的多元评价。具体可参见下表。

重庆市巴蜀小学三年级（11）班陈雨杭同学评语单

家长评	👍👍	雨杭，你真是个爱哭的小男子汉，速写比赛成绩不佳，你就号啕大哭，直抒胸臆。新的一年，妈妈特别希望你做一个坚强勇敢的小男子汉，不计较小事，勇敢经风雨，多见世面。（妈妈：陈婷）
朋友评	👍👍👍	我们最喜欢陈雨杭，他是我们公认的小绅士，从不跟女生斤斤计较，外出时，总是主动把好吃的和我们小组的同学分享。他很爱笑，爱讲笑话，常常逗得我们哈哈大笑。（同学：朱学罡 杨晨）
老师评	👍👍👍	从未见过像陈雨杭同学这样行事稳重的小男子汉，他做事慢条斯理，从容不迫，说起来话来头头是道；从未见过陈雨杭同学这样的小男子汉，他记忆力强，背诵时只需读上三两遍就能记住。雨杭，新的一年，你为自己新的征途定了什么目标？（老师：田冰冰）

3. 处方评语，有的放矢

寒暑假前，我还会开出一些处方评语，得到这种评语的学生并不是出现了严重的问题，校园学习生活中没有解决的小问题，学生在家庭中常犯的错误，或者家长认为孩子急需解决的习惯问题等，都会被列入处方评语的范围。在这里，班主任不对"病情"做陈述和批评，而是给出具体的解决策略，让家长在即将到来的假期中有据可依，对症下药。

例如，针对一位痴迷于小说的同学，我的处方评语是这样写的："你一直是非常爱读书的孩子，这是非常难能可贵的。读书不要局限在儿童小说一个方向，可以多读读自然、历史、地理、天文等方面的书籍。小说之外，别有洞天。在假期中尝试改变阅读方式，你一定会发现新的天地。"

4. 名人评语，权威认同

班上有一些因为具有各类才艺而获奖的学生。对于在外面获奖的学生，我总是会挖空心思，邀请一些名人为他们写些评语，对获奖学生予以充分的肯定和鼓励。校长、年级主任、校外杂志社的编辑等都成为了我邀请的对象。这样一份名人评语，对获奖学生专长的促进作用不言而喻。

今年，我们班的祁挚同学的实验报告获得了小论文比赛一等奖。我邀请西南大学自动化系的教授为他的实验报告做了点评，也算是为他送上了期末惊喜。

5. 电子评语，多媒体并举

随着时代的发展，很多学校改用了电子评语的方式。如果评语内容不变，只从纸上搬到网上，不过是新瓶装旧酒，并不能给学生带来惊喜。采用网络时代的新潮语言，加上对多媒体的运用，电子评语才会成为学生期待的对象。借助邮箱中形态各异的模板制作出来的个性化的电子评语卡，十分符合时代潮流，颇受学生们欢迎。

（二）改革评语生成模式

评语不应由班主任一写了之。把期末撰写评语的工作转化为日常的过程化评价方式，可以取得意想不到的效果。

1. 家庭会议，自拟奖项

在我们学校，每个孩子期末都会得到获奖理由各异的奖状。这些奖状并不是教师在期末临时拍脑袋想出来的。学期伊始，我们会把期末评比的奖项推荐给每个家庭，例如，"文明""爱心""诚实""快乐"……孩子们和父母一起召开家庭会议，确定好自己本学期的发展目标，将其填写在申请单上后上交班级。期末评选时，班主任根据学生在学期初的申报以及教师平时的观察，确定孩子们各自不同的优点及奖项。

2. 人人不同，张扬个性

孩子们申报了不同的奖项后，要在小组当中说明自己的努力方向，班主任加以适当引导。班主任还要把大家的申请方向列表张贴在教室中，接受大家的监督。

记得去年六年级唐老师的学生特长申请大多以"××达人"作为基本目标。期末总结时，学生中真的是达人频出呢！比如，体育达人奖获奖者中，有踢毽达人、短跑达人、长跑达人、羽毛球达人等，他们都是班上该项目的佼佼者！才艺达人奖获奖者中，有一分钟能打一百多个字的打字达人，有能在一分半钟之内把六面魔方还原的魔方达人，还有自己画了一本四格漫画的漫画达人……班主任在颁发各不相同的奖状时，还针对孩子的进步进行了有针对性的评价。

3. 男女互评，人人参与

一个学期结束了，孩子们是否达到了自己申报的奖状目标呢？期末，男女生分别组成了不同的评审小组，男女生互评，人人参与评审，人人接受评审。对于技能方向的目标，关注实际取得的进步；对于习惯方向的目标，关注日常的表现；对于成绩方面的目标，关注进步的幅度……如果您在元旦前夕来我们学校，一定可以看到小小评审团正在认认真真考核其他同学，时常还会因为一个细节表现是否影响到奖项的颁布争得面红耳赤！

（三）改革评语叙述方式

1. 唯一称谓，亲切温暖

评语要亲切平和，饱含浓浓的爱意，具体到某一个学生用什么称谓，可根据学生的性格、爱好、特长、平时的表现及家庭情况来定，甚至他（她）的绰号、家庭住址、长相特点、个头以及在班级中的任职等，都可以被借用。例如，对爱看动漫、冬天常戴一个坦克兵绒线帽的子龙同学，我称呼他"威武的坦克兵舒克"；对皮肤黝黑、颇有体育天赋的陈林同学，我称呼她"一朵风风火火的小黑牡丹"。另外，在我的笔下还有"叽叽喳喳的小喜鹊"（爱发言），"沉着用心的智多星"（绰号），"笑口常开的大力士"（特长）和"声情并茂的文工团团长"等。个性化的称呼能彰显评语的幽默感和亲切感，使评语更贴切，更具唯一性。同学们能从这些各具特色的称谓中感受到情感的温度。这样他们更易于接受老师的劝勉，并容易在心灵中产生共鸣。

2. 使用比喻，活灵活现

比喻是学生在作文中常用的方法，这样的方法同样可以运用到评语的写作中。只要比喻恰当，就能把一个学生的特点表现得活灵活现。例如，有位学生内向少言，作文是他的攻坚项目，我给他写了这样的评语："少言寡语是你同别人交往时的一堵墙，希望你能自信起来，拆去围墙，多和大家交流；作文是你学业上的拦路虎，打虎的秘诀是细心观察事物，勤于练笔。在新的一年里，拆'墙'和打'虎'是你的首要任务！"

3. 引经据典，异趣横生

名言往往一语中的，极富教育性和启迪性。在评语中恰当地运用一些名言谚语，甚至古诗、歌词、歇后语等，不仅能使评语异趣横生，还能让一些深刻的哲理变得明白通俗，从而增强评语的感染力。对于勤于写作的同学，我激励他们"苦读书胸中有宝，勤作文笔下生花"；对于爱做各种动植物标本，投身自然、不知疲倦的同学，我引用古诗"咬定青山不放松，立根原在破岩中"。学生读到这些名言时会产生巨大的动力。有些同学还把评语中的名言警句摘抄下来，贴在书桌、课本上，常常诵读。很多同学毕业数年后仍对老师当年的赠言记忆犹新，有的甚至把当年老师的赠言当成生活里的座右铭。

4. 幽默风趣，拉近距离

把幽默恰如其分地运用到评语中，会为评语增色不少，还能拉近老师和学生之间的距离。我曾给一个脾气暴躁的男生这样的评语："你是一头小狮子，容易暴跳如雷，不过，我是一头大象，常常把你从打斗中拉回来。"班上有个爱吃零食的小女孩，十分聪明伶俐，我对她的描述和评价是："你真是小馋嘴猫，我上课时常常看见你从抽屉中摸出零食，嘎嘣嘎嘣地吃。"学生看到这样的评语，既感到新鲜，又觉得十分中肯。

同时，为发展情况不同的学生撰写评语，侧重点也应各不相同。给全面发展的学生写评语，在充分肯定其优点后，还应点出其发展空间，激励他们树立更高的人生目标；给有特长的学生写评语，建议先肯定他们的特长，再鼓励他们将爱好和特长进行到底；给有进步的学生写评语，更要好好利用期末评价的契机，激发他们的潜能；给有待提高的学生写评语，要充分利用学生的向师性，鼓舞他们，激励他们，帮助他们燃起上进的信心。

总之，班主任应该深入地了解学生的内心世界，深入地了解他们的思想感情。在评价学生的过程中，应该多一点儿赏识，少一点儿苛求；多一点儿表扬，少一点儿批评；多一点儿肯定，少一点儿否定；多一点儿信任，少一点儿怀疑。通过改革期末评语，构建一种平等、民主、和谐的师生关系，借以引发学生"亲师—信师—进取"的心理效应。

轻松治班3.0

张弛有度，调控课堂

QINGSONG ZHIBAN 3.0

>> "一抓就死，一放就乱"是不少班主任在管理课堂时遇到的困境。班主任应促使学生掌握课堂常规，通过灵活的调控手段激发每个学生的潜力，在调控课堂的同时追求教学工作的有序和生动。

第一节　明确课堂常规

一、做好课前准备很重要

理顺课前三分钟是保障一节课顺利开展的前提。

班主任可以利用专门的时间对学生进行训练，不仅要告诉学生在课堂上该做什么，还要通过适当的训练，使学生充分适应，从而让班级的每节课都能在有序中进行。训练项目分为以下几种。

（一）课前准备静悄悄

首先，培养学生养成下课及时如厕的习惯。课间休息的时间非常短暂，督促学生养成下课及时如厕的习惯，能够有效避免上课时学生迟到的现象，减少学生在课堂上请求如厕的情况。简单的习惯培养，能对课堂的顺利进行起到一定的保障作用。

其次，培养学生养成有序做好课前准备的习惯。班主任可以要求学生在上一节课下课时，及时把课本收回去，然后根据课表把下一节课要用的课本拿出来。同时，班主任可以对课前准备的方式做统一的要求，例如，把文具盒、书、练习本依次整齐地叠放在桌角一侧，以保证班级课前准备的整体有序。

最后，培养学生养成及时进教室等待上课的习惯。提倡学生在如厕完毕后在走廊远望休息一下眼睛，并及时回教室等待老师的到来。

（二）专时训练不能少

班主任可以利用专题班会课的时间对学生进行有关课前准备的讲解、示范和训练。在之后的两到三周时间里，班主任可以在上课前在教室门口观察和提示，直到学生能够养成良好的习惯。

班主任走进教室的时候，如果发现教室里还没有安静下来，不妨站在门口等待片刻，用眼光扫视全班，提示那些还没有完成课前准备的学生抓紧时间，等全班都静下来了再开始上课也不迟。

（三）有效监督显特色

课前监督同样需要充分发挥班干部的主观能动性。班主任可以训练班干部掌握规范的管理语言，同样能改善学生刚开始上课时的状态。例如，铃声响起后，负责监督管理的班干部马上站到前面提示学生："上课了，请抓紧做好课前准备。"同时，对班级同学课前准备的状态进行适时点评："现在最快做好课前准备的是第三小组，请其他同学抓紧。"待老师进教室的时候，班干部可以进行一句话汇报，例如："一年级（11）班已做好课前准备，请老师开始上课。"这种颇具仪式感的环节设计，可以促进良好开课氛围的形成，让课前三分钟显得规范而有序。

我们还可以尝试根据年级、班级的特色，由班干部带领全体同学诵读古诗、名言，或集体唱歌，或安静休息，进行以"静心"为主旋律的集体活动，保证开始上课时每个学生的"心"都在课堂上。

人们常说，连续 21 天就可以养成一个良好的习惯。若想让班级形成良好的开课面貌，基本的常规训练必不可少。班主任通过明确细节要求和连续跟进监督，可以促使学生养成基本的课间自我管理习惯。同时，训练班干部掌握规范的管理语言，设计简单精致的集体活动环节，能够使班级课前面貌大为改善。

二、掌握这五招，轻松培育常规好习惯

班主任要对学生必须养成的常规习惯做到心中有数，有课中调控的意识，这样才能营造出动静结合、相得益彰的课堂气氛。

（一）要培养学生哪些常规习惯

1. 会听

学生听课时身体要坐直，双脚自然平放在地上，双手自然地放在桌面。要认真听老师上课，注意关键词，听清师生对话的主要内容。如果有疑问应先举手示意，在得到老师允许后再发言。听老师讲话时，眼睛要看着老师。老师在板书的时候要看黑板，边看边听老师讲。

我们要教会学生听的礼节。例如，同学发言时要专心致志地听，不打断同学说话；如果觉得同学发言很精彩，可以通过鼓掌给予他们鼓励；如有补充意见，应举手示意，在得到老师允许后再发表自己的意见。

2. 会说

学生在回答问题前应该先举手，举手的姿势建议是将右手或左手举起，五指自然并拢，向上方举直。在得到老师同意后起立站直发言，发言时声音要响亮，能让老师同学听清发言内容。说话要用普通话，力求完整、流利、规范。

我们可以建议学生在参与讨论时，多使用"我的想法是……供大家参考"，"我认为……不知道对不对"等句式；如果要表示不同意见或者要向同学老师请教时，建议使用"请问……"，"我的想法有所不同，我认为……"等句式。

3. 会读

学生在课堂上朗读时，首先要坐姿端正，双手分别握着书的两侧，将书放在身体的正前方，书和桌面大约呈四十五度角，眼睛距离书本一尺，胸口距离桌子一拳头。尽量用普通话来读，要读得正确、流利、有感情。默读时的坐姿要求也是一样，特别要注意保持安静，不动嘴唇，不发出声音，不指读。如果需要边读边写，将课本平放在桌面上，右手拿笔工整地书写就可以了。

我们还应该告诉学生，在课堂上"读"和"说"要有声音大小的区分。大声朗读时，不吼，不喊，音量适中；同桌讨论时，降低音量，彼此能听见即可；站起来发言时，声音要提高，保证效果；个人默读时，要专心致志，边读边思考。

4. 会写

写字的时候，首先要坐端正，认真做到三个"一"——手离笔尖一寸，胸口离桌一拳，眼离桌面一尺。写字的时候，要讲究书面整洁，每个字都应书写工整。必须要养成认真及时完成书写任务的好习惯，课堂作业尽量当堂完成。

我们应该告诉学生，课堂上要善于记录，随手在书上批注下老师讲到的重点及难点，做个会听善记的有心人。

（二）五招培育常规好习惯

1. 善用训练

开学初，班主任可以抽出专门的时间来训练学生的课堂常规，通过一定量的训练，让学生对课堂常规习惯更为熟练。各类儿歌口令是孩子们非常喜欢的形式，可以牵动孩子的心，帮助他们紧跟课堂教学步伐。例如，课堂上，希望学生能够集中注意力的时候，老师说"小眼睛"，学生答"看黑板"；上课前，老师说"一二三"，学生说"请坐端"；老师还可以在上课前组织学生齐背一首"上课铃声响，快步进课堂，上课专心听，积极动脑想"，通过集体背诵儿歌的方式把学生的注意力集中到课堂教学上来。

2. 善用鼓励

班主任要善于鼓励学生。例如，在提问的时候，老师可以说："我请小涵同学来回答，因为他的坐姿很端正！"这样的表扬，对于低年段小学生的鼓励作用是非常明显的，其他的小朋友在听到这样的表扬后会马上调整自己的坐姿，以便能尽早被老师点名回答问题。

3. 善用眼神

课堂上，用眼神来提示学生，可以减少课堂上因为调控纪律而浪费的讲课时间。学生正听得兴致勃勃的时候，教师可能会发现学生中间有两只小蜜蜂在窃窃私语，看他们的神态显然不是在讨论和课堂内容相关的东西。这时候，打断教学进程显然是不理智的行为，适当地用严厉的眼神看他们一下，让他们留意到你的关注，很快就能起作用。

4. 善用评比

评比是对小学低年段学生非常有用的纪律调控手段。很多老师在低年级课堂上进行"夺红旗"比赛，具体做法是：在黑板的一角列出各组的组号，在课堂上表现好的小组可以在组号的后面添加一面小红旗，教师在下课的时候进行评比。低年级的学生常常喜欢在这种你争我夺的竞赛机制中上课。

5. 善用调控

教师在教学过程中，如果能多注意教学形式的多样化与直观性，学生的听讲状态就能好很多。教师可以利用教学挂图、教具、课件等吸引学生的注意力，使学生的情绪始终处于一种亢奋状态。同时，教师讲课时也要充满激情，语言要儿童化。对于上课时特别认真、积极的小朋友要及时鼓励，学生认真听讲的动力就会大大增强。

总之，抓好课堂常规的前提，是班主任对于课堂常规的认识发生转变。要不断赋予课堂常规以新时代的含义，完善和创新课堂常规的管理策略。不要试图通过管理手段去控制学生，而要通过灵活的调控手段去激发每个学生的潜力，使其自觉主动地投入课堂中来，这样一定会生发出新的精彩。

三、嗨，开学第一课，你准备好了吗

科学有序地开展开学常规训练，可以为整个学期的稳定有序奠定良好的基础。

（一）传统开学第一课，在常规训导中奠定良好开局

1. 认识校园，认识朋友

帮助学生认识学校和新朋友，是引导学生减少对新环境疏离感的有效手段。新生入学后，班主任应热情洋溢地致欢迎辞："同学们好！从今天开始，我们就成为了光荣的小学生。进入小学意味着大家已经长大了，要学习更多的知识和本领，为明天的腾飞做准备。"班主任可以向同学们介绍学校的名字和历史，带领学生在校园实景中去认识学校。

引导学生们尽早相互认识，交上自己在新学校中的第一个朋友，也是减少学生对学校陌生感的必要环节。例如，教师可以说："今天我们全班同学聚在了一起，组成了一个崭新的幸福的大家庭。为了让我们更快地互相认识，让我们介绍一下自己的姓名和兴趣爱好。"教师也可以通过自己的幽默介绍做出范例，引导学生主动介绍自己。

2. 口令练习，学会规范

对低年级的学生，特别是刚刚步入小学阶段的孩子来说，简单的口令式的儿歌是非常有效的。我们常用的课堂常规口令有很多，例如：

教师：大眼睛；学生：仔细看。

教师：小嘴巴；学生：要发言。

教师：一二三；学生：请坐端。

通过练习这样的课堂常规口令，可以让学生形成一定的条件反射，从而起到及时提醒学生坐姿或者课堂纪律的效果。

3. 课堂习惯，必须规范

班主任可以请两位同学到讲台前，一位同学面向老师，另一位背对老师。班主任拿出一张卡片，上面写着学校的校名。班主任请这两位同学讲讲卡片上写了什么字。此时班主任提出疑问：为什么同样的图片，一位可以说出上面的文字，另一位却完全说不出来呢？班主任要告诉同学们：眼睛就像一架小小的照相机，它能把看到的东西印在脑子里。因此，上课时要学会用眼睛，要把所学的知识一点儿一点儿拍下来印在脑子里，使脑子里的知识越积越多。班主任还要引导学生讨论在课堂上怎样做才算会用眼睛。同学们发言后，班主任总结归纳。

又如，关于怎样正确发言，老师可以总结归纳出儿歌："老师提问我发言，高举小手要争先。起立站正大声说，积极思考真能干。"班主任用这种将小游戏和口令相结合的方式，可以让学生了解在课堂上如何用眼、用嘴、用脑学习，如何手脑并用，积极思考。

4. 常规儿歌，熟记于心

朗朗上口的儿歌是低年级孩子训练常规口令的良好载体。例如，上课前的常规口令可以编成"叮叮当，叮叮当，铃声响，进课堂。坐端正，爱听讲，勤发言，嗓门亮"。下课常规口令可以编为"叮叮当，铃声响，小朋友，下课堂。不疯跑，不追打，快快乐乐去玩耍"。把课前课后的规范以这种儿歌的形式呈现，让学生边诵读边做课前课后的准备工作，学生会十分感兴趣。

平时的活动常规我们也可以用儿歌的形式去渗透，例如，"你拍一，我拍一，清早晨练要积极；你拍二，我拍二，轻声慢步靠右边；你拍三，我拍三，积极发言我争先；你拍四，我拍四，天天吃饭不挑食；你拍五，我拍五，发言结束把掌鼓；你拍六，我拍六，垃圾不能随便丢；你拍七，我拍七，团结互助爱集体；你拍八，我拍八，保护环境靠大家；你拍九，我拍九，安全意识天天有；你拍十，我拍十，公正诚朴要落实。"

（二）时尚开学第一课，特色设计润泽师生关系

相比刚才介绍的常规的开学第一课，我更喜欢把开学第一课，甚至开学第一天设计成为开学节。我 2014 年第一次在学校的班主任培训会上提出这样一个思路时，得到了很多同事的认同。

1. 开学节——各类纪念照专场

如果说生日是每个孩子成长的里程碑，那么我认为，九月一日应该成为学生群体重要的成长纪念日。开学的第一天，班主任应好好打扮一下自己，以最好的状态和学生一起在校内的景点拍下全班、小组、师生合照，以及学生个人的纪念照。甚至，还可以尝试让每个学生在某一个特定地点每年照一张照片。看着照片中的自己又成长一岁，该是多么有趣的纪念方式。

我还在教室的文化墙上为学生的开学节留下空间。虚位以待的全家福镜框，等待孩子们贴上自己和家人的合照。我还把每一位学生充满笑脸的照片打印出来，和孩子们一起用花边装饰一下，做成一朵朵灿烂的小花，插在班级的公共花瓶里。朵朵灿烂的笑脸小花，给来上课的科任老师留下了美好的印象。

2. 开学节——装饰我的特色课本

装饰一本有特色的课本，在精心装扮中开启一个新的学期，这是在开学节上最令人期待的项目之一！学生和老师一起，学习传统的包书皮的方式，用彩色纸装扮课本。同时，在书的扉页贴上师生合影或者家庭合影。学生在合影的下方，郑重写下新学期目标。如果有分学科的激励性评价方式，还可以在课本的封二处，贴上彩色的评比栏。时间允许的话，再邀请班主任和科任老师共同签名，也可以邀请最好的伙伴写上一两句寄语。这样一来，普普通通的课本也具有了不小的收藏价值。

3. 开学节——来一场生动的团队熔炼

在漫长的假期后，如何激活所有人的校园生活热情，促使大家从开学第一天就能改变"懒羊羊"的状态，尽快步入正轨？有没有比机械的常规训练更能吸引学生群体的方法？当然有。我们可以学习户外训练机构的拓展方式，通过拓展训练的形式，组织一些团队共同参与的游戏，比如钻山洞、谁是狮子王、大豆大豆我是谁……丰富多样、充满趣味的形式，在帮助大家嗨起来、实现团队携手目标的同时，也让大家的心靠得更近。

4. 开学节——"跟着课本去旅行"发布会

漫长的假期中，相信所有的孩子都获得了不同的成长。居家的孩子跟着家长一起做家务，进行社会实践；外出旅行的孩子长见识，练胆识；参加夏令营的孩子自理能力有了很大的提升……在开学节前，班主任可以倡议每位同学提前预设好自己要做的成长分享。每个人都以不同的方式向大家汇报，这也是梳理反思的过程。

记得前两年的一个暑假，我请同学们共同梳理课本涉及的所有景点。学生根据自己的喜好，主动申请去相关景点旅行，并且根据旅途中的经历，设计和丰富"跟着课本去旅行"的旅游攻略。开学节的当天，活动的一项重要内容就是通过每个人的分享，点亮地图上一个个小小的火把，完成"跟着课本去旅行"的集体攻略。这样的发布会，给每个学生都带来了独特的体验。同时，这也是大家共同努力的结果，让所有的同学不禁共同憧憬新的学期，新的开始。

无论开学第一课是传统还是时尚，都各有特色，各有侧重。凡事都有度。开学第一课应激趣与规范并举，戒军事化的机械训练。让我们不断尝试并优化开学第一课的设计，让每一次开学都给学生留下难忘的回忆。

第二节　调控课堂三步走

一、让课堂安静下来一点儿都不难

上课时总是有学生在下面低声说话，停下来去寻找，却又无法确定是谁在说话，一旦继续讲课马上又有人在下面开讲。有其他老师及领导来听课时，竟然有学生钻到桌子底下躲猫猫，弄得班主任老师尴尬万分，不知所措……

这就是很多新班主任在教学中遇到的真实情况。很多班主任对如何高效组织课堂感到十分困惑。那么，应如何调控课堂秩序，让课堂动静结合，相得益彰？除了认真备课，苦练自己的教学本领外，懂得几种调控课堂秩序的策略则显得非常有必要。

（一）口令控场

老师："一二三"；学生："请坐端"。

此为问答口令。老师之前已组织学生做过很多次训练，当发现课堂上噪声四起时，老师用平稳而严肃的声调说"一二三"，学生会主动地应声回答"请坐端"，同时，抱臂坐正。待学生坐端正后，老师重申一下纪律，对表现好的学生给予表扬，之后继续讲课。若发现仍不断有同学小声讲话时，老师问"小嘴巴"，学生齐答"闭闭好"。还有一些口令作用与之类似，例如，"小眼睛，看老师"，"小耳朵，认真听"等，适合一二年级的学生。

另一种方法是，老师击掌三下，学生击掌三下。

在操场上或者教室里，老师对着声音很大的学生们只能提高声音去喊，这样做会显得比较狼狈。此时，老师可以马上击掌三下，学生也回应拍手三下。再拍再应，三拍三应。在拍手和回应的同时，学生就已经注意到了老师严肃的表情，随即就站好或者坐端正了。老师稍稍调整，就可以继续上课。

（二）眼神控场

班上只有几位小朋友在小声说话，但是已经影响到了上课，老师可以暂停讲课，将食指竖在嘴唇前，看着说话的学生轻轻地说一声"嘘"，然后环顾四周，等待几秒。等教室里安静下来，再继续上课。有时候班上乱糟糟的，似乎不是少数人所为。这时候，老师可以在板书之后突然暂停讲课，环顾教室，目光有些许严厉，见教室里安静下来，轻轻点点头，再继续上课。

（三）手势控场

如果课堂上比较安静，只有个别学生在说悄悄话，班主任可以走近他们，轻轻摸摸头，看他们一眼；或者在走近时，做一个抱臂的姿势，提示他们坐好。用这些小的手势提示个别学生，既不用中断教学，又可以迅速起到提示的作用。这些都是有经验的班主任们比较常用的做法。

如果班主任在使用问答口令和拍手令时回应者甚少，班上已有乱作一团的势头，班主任可以让全体学生起立，班主任重申纪律，等待学生全部安静下来，表情也由嬉笑转作认真时，再让学生坐下，继续上课。

调控课堂的策略是写不尽的，聪明的教育同仁们已经创造出了成千上万种策略。只要你带着听课本走进同事的教室，留意观察，就会有新的发现。要提醒的一点是，不要只当堂课管当堂的事情，老师可以在下课后对贪玩的小朋友及时进行教育，别把那些"小黄莺"抛之脑后。

二、告别沉闷课堂，请按"激活"按钮

课堂安静下来是好事，但如果控制过了头，就会显得机械呆板，课堂上死气沉沉。有人来听课时，班主任怕学生在课堂上出现纪律问题，千叮

咛万嘱咐，结果班上安静得在地上掉根针都能听得见，提问时连个举手回答的人都没有，学生俨然成了一个个小木头人。这真是个让人心焦的状况。怎样做才能在保证课堂纪律的前提下激活学生的思维，让课堂更精彩呢？

（一）通过保留节目与新生互动

每个班主任都应该有一两个保留节目，在与新生互动时可以大显身手。老师们可不是只有在开学第一天才会遇到新学生，代课或借班上课都面临着与新生互动的问题。积累一两个保留节目，需要时信手拈来，效果很好。

走进一个陌生的班级时，我会带一个棒棒糖，请同学们猜我姓什么，第一个猜对的学生就能在别人羡慕的眼光中领过棒棒糖。此时，班级气氛就可以活跃起来。这时，我会在黑板上潇洒地写下我的名字，请他们齐声喊出我的名字。学生一看，这个新老师还允许我们直呼其名，一下子更来劲儿了。在他们都很兴奋的时候，我紧接着说："大家都已经认识我了，我也特别期望用这节课的时间认识更多新朋友。谁来大声做一下自我介绍？"这样一来二去，通过课前几分钟简单的交流，我与学生更熟悉了。

（二）抓住典型，用好示范力量

班主任要打破沉闷的课堂气氛，应及时发现亮点，营造班内的竞赛氛围。可以抓住一两处很小很小的火花，来点亮教学全过程。

记得很多年前，我和一位数学老师下乡援教，我们到村小时已经到了上课时间了。先上数学课，老师上得不算顺利，学生非常拘谨，似乎大声说话或者大胆发言说出不同的意见对他们来说是一件很困难的事情，这使得课堂气氛非常沉闷。在下面听课时，我就一直在思考如何破解这一僵局。我随手记下了一个学生的姓名——李扬，大家似乎都很依赖他的发言。

下课后，我站在教室门口，随手叫了一个学生，问他："李扬在哪里？

你帮我叫一下他。"这个孩子一见新老师有事情向他求助，马上亮出了山里孩子特有的大嗓门，高喊着："李扬——李扬——老师找你。"其他同学也热心地帮忙大声叫他。我微笑着告诉他们几个："真棒！你们的嗓门比李扬的还要大，声音大一些其他人就可以听得更清楚。下节课，你们也用这样的大嗓门和李扬来比赛发言，好吗？"孩子们使劲点点头，我的心中充满了对下一堂课的期待。

（三）带动全班，人人参与

在课堂上，班主任一定要关注集体活动的时间效益，关注全班学生的参与度，争取让更多的学生有事可做，做有意义的事情。例如，在语文阅读课上，如果请一位学生读课文，可以请其他同学充当小评委，动笔勾画出该生阅读的精彩之处或是出错之处，随后给朗读同学提出表扬和建议。学习完课文后，组织全班动笔写写学习感受，让提前写完的同学大声念出自己的观点，其他同学边听边补充。

（四）趣味问答，激活课堂

教师在课堂上随机提问，常常容易忽视一些始终不举手的"沉默人士"，久而久之，他们便成为课堂上的看客。为解决这个问题，我们学校的老师会在班上准备一个摇号筒，把全班同学的名字做成小纸条，随机抽取发言的同学。这样，每个学生都要集中注意力，认真倾听。还可以让学生抽取下一个回答问题的人，将"一问一答"变为"传递式发言"。

综上所述，班主任应努力实现课堂上的"静"，营造一个安静有序的集体氛围，为生动的课堂提供条件；同时，还要努力实现课堂上的"动"，激活学生的思维，打造与学生脉搏一起律动的课堂。动静结合，才能相得益彰。

三、如何让课堂评价成为教学的推手

现在，评价方式在变，班主任的认识也在变。如今班主任眼中的激励性评价更包容，更人文，逐渐成为课堂教学中的推手，成为行之有效的推进工具。

随着老师们教育理念的深入，评价也开始面向全体，开始凸显人文关怀。评价不仅可以激励学生思考和表达，还可以让更多的学生产生内心的自我认同。甚至学生克服了胆怯之后不自信的举手，都可以被纳入激励性评价的视野。

（一）在评价中贯穿方法指导

支玉恒老师的课上有这样一个细节：老师问："你读一读，看看你的朗读能不能体现'神迷心醉'这四个字？"学生一读，语气比较平淡，支老师幽默地回答："醉了还这么清醒。"这就是很委婉地表示不满意。支老师通过范读告诉学生，陶醉是什么样子的。"你们再来读读，看能不能醉？"有学生拖腔读"神—迷—心—醉"，表达稍有过头。支老师风趣幽默地说："这又喝得太多了，醉得都唱起来了，谁再来读？"老师再次委婉地评价，指出读得不理想的原因，为学生最终读好做了良好的铺垫。

支老师在发现学生读得有变化、有起色后，马上又给出激励性评价："他读得有点儿意思，虽然速度有点儿快，但真是令我神迷心醉了。大家一起读，让我们来个全体酩酊。"这样的评价非常巧妙，恰当地评价了学生朗读的效果，又不着痕迹地加以引导。

如果我们在课上一直使用"真聪明""声音很响亮"或是"读得很有感情"这样的评价，那就仍停留在评价的初级阶段，只评价了表象。这样的评价没有连续性，仅仅是对过程的一种暂时性评价。如何由表及里，持续为教学过程服务？教师还应该让评价的语言具有针对性和方法上的指导。不能点到为止，而要由此及彼。让学生的表述为下一步的教学服务，让评价成为课堂教学的推手，这样你的评价水平才会有显著提高，教学过程也更顺畅。

（二）评价不必拐弯抹角

如今，对于激励性评价的种种不准确的解读使得老师们在点评时不免有些拘谨，常常话里有话，拐弯抹角地表达自己的意思，让学生更加找不到北。

为什么一定要拐弯抹角呢？该直接指导的不妨就直接说出来。

让我们再次回到支玉恒老师的课堂上。同样的一节课上，支老师问学生："我也来读一读可以吗？看看我陶醉了没有！"支老师声情并茂的朗读赢得了学生热烈的掌声。支老师挥手示意让学生不要鼓掌，轻轻地说："不要鼓掌，鼓掌会破坏这种氛围。陶醉了吗？一起来读。"学生在他的语言带动下，轻轻地朗读起来，入情入境。支老师抓住这一契机，马上点评："你看，朗读不一定是声音越高越好，该高时高，该低时低，这样声音反而更能吸引人的注意。"此时支老师拒绝学生的掌声，让学生在老师朗读过后，心平气和地感受这份陶醉，实在再恰当不过了。比起一些在公开课上安排掌声的做法，这样一句拒绝的话语更显出大家风范。而恰恰正是这份宁静，将文章的意境植入学生的心中，让学生陶醉，让学生认真感受。

第三节　布置作业学问多

一、布置作业这两大误区，你中招了吗

有一次，我去书城买书，在教育理论书架的一角，手机我看到一个小小的身影正蹲在角落里忙碌地抄着什么。狭窄的书架底层铺着一套试卷的答案。她正在紧张地抄写着。没过几分钟，试卷已经完成了四分之一。速度之快，令人惊讶。我定睛一看，是五年级下学期的语文试卷。女孩的年岁正和我班上的孩子相仿。

这时，我心中的滋味无法言表。痛心？失望？惊诧？我不知道。良久，我在她身后轻声地说："你在抄答案？"女孩惊诧地回过头来，盯着我。

"孩子，如果你认为这份作业没有完成的价值，可以直接选择不写，但是不可以自欺欺人……"女孩一言不发，盯着地面。不一会儿，在我的注视下，她迅速地收拾东西，仓皇逃出了我的视线。

同行的朋友在一旁劝我不要多管他人是非。我很真诚地回答："她和我的学生年纪差不多，如果我不说出来，我会一直不安。"

又遇抄书郎，这既熟悉又陌生的一幕，掀起了我心中的波澜。

教师不动脑筋地布置作业，学生不动脑筋轻松完成，这种作业做了又有何用？教师撕去了答案页，就放心地交给学生，貌似各类题型都被囊括其中。但在张开渔网全面捕捞知识的同时，却很难留意到这悄悄绽开的漏洞。在美丽的春日下午，"创造性"地完成任务的抄书郎是对大一统的简单作业形式的巨大讽刺。怎样布置作业才能更有实效？首先必须让作业这道菜体现出"鲜"味，让学生乐于接受，才能增强实效。

在《国家中长期教育改革和发展规划纲要》中，对于家庭教育有这样的阐述：家长要树立正确的教育观念，掌握科学的教育方法，尊重子女

的健康情趣，培养子女的良好习惯，加强与学校的合作。短短几句话，对家长们提出了殷切的期望。科学的养育离不开家长的陪伴和连续关注。在孩子习惯养成的关键阶段，合理的监督和适度的放手相辅相成，缺一不可。

（一）一不小心就"增负"了

学生作业多，源于教师学科本位的思想，各科任课老师常常缺乏相互间的协调。我们似乎从没有调查过，学生完成作业到底需要多长时间。

学生完成作业时间调查

一课生字书写练习	15～20 分钟
预习并朗读课文 5 遍	15～25 分钟
一张语文试卷（低年级）	25～40 分钟
一张语文试卷（高年级）	60～80 分钟
一张数学试卷（低年级）	15～20 分钟
一张数学试卷（高年级）	35～50 分钟
一篇阅读短文题	15～20 分钟
一张小报	60～120 分钟

班主任要关注学生作业的总量。如遇各科作业"撞车"的情况，班主任不妨做些减法。如果班主任能起到对学生作业量的宏观调控作用，那实在是造福全班的学生了。

（二）一不小心就"单调"了

翻开一位小学生的作业本，我们可以看到这样日复一日单调的作业记录。

3 月 12 日

语文：预习课文第 6 课，抄写生字 5 遍，组一个词。（家长检查并签字）

数学：数学书第 23 页第 3～6 题。（家长检查并签字）

英语：读模块一。（家长检查并签字）

3 月 13 日

语文：抄写生字 5 遍，组一个词。（家长检查并签字）

数学：完成数学自测卷。（家长检查并签字）

英语：读模块一。（家长检查并签字）

3 月 14 日

语文：预习课文第 7 课，抄写生字 5 遍，组一个词。（家长检查并签字）

数学：数学书第 24 页第 1~3 题。（家长检查并签字）

······

试想，一个小学生每天晚上需要完成七八项作业，要花两三个小时，何来减负？特别是整齐划一的作业形式，虽然在一定程度上能培养学生的综合能力，但无疑是常规作业中的"增负王"。

教师布置作业一定要遵循"能减则减，能免则免"的原则。不固守作业形式，不盲目地靠机械练习来提升效果。

综上所述，班主任作为教师团队的核心，要有效调控总作业量，改变作业形式，促进学生发展。

二、听说，布置作业还有四个原则

随着教龄的增长，每位老师都会有自己布置作业的保留项目，这虽是老师们长期沉淀下来的有效形式，却一定程度上制约了我们对创新作业形式的积极性。如果说作业是老师提供给学生的每日食谱，相信每位"食客"都期待食谱经常有些变化。

（一）布置作业要关注实效

现有作业形式	质　疑	改革作业形式
预习课文并朗读5遍	一定要读吗？早读课上读行吗？留待课上读行吗？	根据课文提出综合性的问题，或让学生预习后提出几个不理解的地方。
查字典预习生字	音序、组词等学生常常不假思索就能说出，能不能不写？	查一两个重点词语的意思，根据解释试着理解文章中的重点语句。
生字带拼音抄5遍	一定要反复抄写才能熟记吗？	把易错字归类，整理错字卡。

如上表所示，学生每天背负着这样有待商榷的作业回家，浪费了无数个本该自由成长的夜晚。这无疑是对时间的浪费。那么，国家规定的作业量究竟是多少呢？

据相关资料显示，多地有关减轻学生课业负担的文件中规定：一、二年级不留书面家庭作业，三、四年级一般每天完成家庭作业的时间不超过三十分钟，五、六年级一般每天完成家庭作业的时间不超过一个小时。

1995年3月8日的《北京晚报》还登载了北京市教委对作业量的规定：

①不准给学生留惩罚性作业，不布置机械重复和大量抄写的练习。

②不准在法定节假日给学生留家庭作业，寒、暑假作业也不得超量。

③严格禁止学校、教师要求家长代替教师辅导学生，如要求家长给学生出题、评改等。

看来，很多政策中已经有了相关提示，但政策的落实最终靠的是教师观念的转变。教师的观念变了，学生熬夜做作业的状况才能得以改变。

（二）布置作业要关注重点

创新作业既要大胆，又不能丢掉最基本的核心。例如，语文教材中的课后练习一定要保留，这是很多专家共同讨论出来的结果。新课标教材的课后练习，本身是非常灵活的，教师通过"我会认""我会读""我会写""展示台"等栏目可以把握教学重点，激发学生的学习热情。守住这些保留项目，教学的重心就不会发生太大的偏移，为在规范的基础上进行创新提供了可能性。

（三）布置作业要讲究规范

作业本封面的格式要统一，要写清班级、姓名、学号。封面要力求干净整洁，不能乱贴乱画。一、二年级学生用铅笔书写，三年级及以上要用钢笔或者中性笔书写，书写要工整，字迹不能潦草。作业本要保持整洁，不能卷边，如有破损要及时粘贴修补。

语文作业要求：①第一行写上日期，从第二行开始书写，拼音本一个拼音占一格。②造句的时候，用来造句的词语后要加破折号连接。③问答题需要先抄写题目，另起一行先写"答："，然后再解题。④学生修改错误时，要在老师的批语下进行修改。

数学作业要求：①无论是计算题还是文字题都要抄题，应用题的单位名称、答语要书写完整。②递等式计算，算式不要顶格写，等号要顶格写并上下对齐，不要出现同一行中有两个或两个以上等号的现象。③解方程的时候，要先写"解"再求解，避免出现连等的情况。

习作的格式要求：①书写要工整，卷面要整洁。②题目应该写在第一行的正中间，每段开头要空两个格，每个字占一格，每个标点符号占一格，破折号、省略号、书名号各占两格。③标点符号不应出现在一行的首格中。

（四）布置作业要特色创新

在明确了作业的规范后，我们还可以不断尝试拓展，不断创新作业形式。

1. 网络作业

谷歌、百度等搜索引擎，是帮助学生完成网络作业的好帮手。例如，学习完《秦兵马俑》以后，可以引导学生利用搜索引擎查阅有关兵马俑的具体内容，了解课文以外的知识。

2. 思辨作业

学习完毕淑敏的《学会看病》，教师可以引导学生思考："孩子生病了，妈妈此时要让孩子学会独立看病的做法对吗？如果你是父母，你会怎么做？"学生在课后分成正反方，分组准备资料，课后进行精彩的辩论，在辩论中更好地理解课文。

我从《中小学教育》上看到有关道德两难问题的论文，感觉非常有意义。下午上品德与社会课的时候，我索性让学生放下课本，抛出了"火车出轨""小偷的职业道德"等问题。孩子们果然被那些两难的问题深深吸引，他们冥思苦想，却始终无法给出一个完美的答案。我请学生来主持课堂，把思考的空间和讨论的舞台让给学生。在经过激烈的思想碰撞后，学生逐渐得出全面、辩证的观点。

3. 实践作业

学完《综合性学习：遨游汉字王国》后，我按照教材要求，搜集或编写字谜，在班里开展猜字谜活动，让学生体会学习汉字的趣味。我还组织学生查找体现汉字谐音特点的故事、歇后语、对联或笑话，在课堂上交流。通过多种多样的实践体验活动，让学生感受到了汉字的神奇、有趣。

4. 互动型作业

在学完了《称赞》一课后，我一直在思考如何把童话迁移到生活中来。在课堂上，我请学生回忆师生之间有关称赞的故事。我还请学生回家以后，把这篇课文的内容讲给爸爸妈妈听，并且回忆一下以前他们的称赞带给自己的鼓舞。这样的互动安排让课文的主题走进了学生的内心，让学生发现生活中称赞无处不在，懂得称赞能给人带来正能量。

5. 挑战型作业

在期末复习阶段，部分作业的形式稍显单调，这时可以布置一些挑战型作业。例如，我们进行词语归类复习的时候，可以让孩子们提前准备，在课堂上以男女生分组的形式进行竞赛。

6. 展示型作业

语文书中有很多诗歌朗朗上口，学生非常爱读。班主任不要让精彩止步于课堂。布置作业的时候，可以安排学生回家后朗诵给自己的爸爸妈妈听，获得家人的称赞也能让孩子产生学习的新动力。

7. 比较型作业

例如，在学过了《窃读记》之后，可以组织学生对原著进行比较阅读，更好地感受作者当时痛苦、难堪的心境；学过了白话文《守株待兔》后，学生有了一定理解力，此时再去感受文言文的简练表达，也别有一番乐趣。

我们的课堂会因为作业形式的创新，变得更加活泼、更加生动。

三、批改作业，竟然还有门道

（一）有关作业批改的思考

近日偶得一篇作文的扫描件，心里颇受震动。在这篇题为"我失败了"的文章里，女孩使用联想和类比的手法，描写自己和大自然无形中的比赛，文章中的内心独白较富张力。六年级的孩子能把文章写成这样，十分难能可贵。但鲜红的眉批"莫名其妙，不知所云！"重重地砸落在我的心上。我猜想，这八个字也重重地落在小女孩的心里。

我把这篇作文的扫描件发给我的同事，一时间众说纷纭。惊讶愤慨者有之，冷静评判者有之。大多数教育人把反思指责的大棒指向了老师。谴责之余，我想，老师们更需要不断审视和思考，去寻找这一简单的教育行为带来的警示。

教育人需要不断审视自己。我们已经将激励性评价的原则烂熟于心，而自己是否在认真地执行，常常自己也不太清楚。教师是机械化地完成批改，还是用心欣赏和评价？批改学生的作业时，我们是否随心所欲？我们是否意气用事？我们是否心存欣赏？我们是否做到了平等尊重？有些老师改作业改到激愤时，常会出现一些带着感情色彩和批斗情绪的言辞。严厉是必要的，但无分寸的严厉恐有泄私愤的嫌疑。

教育人需要不断审视自己的行为。"这样的教育行为，效果和价值在哪里？还有没有更好的做法？"审视自己的教育行为可以有效减少我们用人做教育实验的次数，减少因我们的失败而给儿童带来的不良心理影响。不推敲自己的教育作为，行动能力永远得不到提升。

教育人需要不断审视自己的思想。教师的理想与观念，直接影响到正在成长的孩子。"园丁"这个词语已被我们尘封，取而代之的是"人类灵魂的工程师"。事实上，这对教育工作提出了更高层面的要求，要求我们注重系统性，关注生命的发展，关注学生的精神健康，而不仅仅是浇水除虫、修剪枝丫。

只有不断审视自己的教育思想，更新教育理念，才能让教育方式跟得上时代的发展。教育人一定要拥有退后一步观察自己的能力。这样才能看得清楚明白，判得明晰理性，做得扎实透彻，教育才能常做常新。

（二）作业批改的形式有哪些

1. 让作业批改更规范——标准版的作业批改

学生的作业格式要规范，教师批改作业的格式也应该有一定的规范，一个本子翻下来，批改套路应该基本上是一致的。传统的批改格式基本上是这样的：每一道题老师都会打上"√"或"×"，最后根据错误数来打分。在分数的旁边通常还会标明批改日期。

批改符号的大小要适中，"×"太大只能打击学生的积极性。错误的地方可以不画"×"而用"＼"表示，等学生改正以后再补打上"√"。

老师可以在作业有错误的地方下面写上"改错"两字并留出合适的空间，以提示学生改错。

2. 让作业批改更人文——等级式的作业批改

随着时代的发展，小学作业中的百分制也越来越多地被等级式所代替。例如，将作业分成 A、B、C 三个等级，大多数学生可以得到"A"，极少数学生会得到"C"。班主任要把握好度，即使作业情况很差也要慎重给"C"，以保障学生的积极性。

3. 让作业批改更鲜活——对话式的作业批改

等级式的作业批改如果再辅以对话式的评语，效果会更好。对话式的评语不宜过长，言简意赅更能起到激励学生的效果。比如，学生的书写非常工整，教师可直接潇洒地批注上"赏心悦目！"，相信会让学生平添几分自信。老师在批改低年级学生的作业时还可以画个笑脸，或者贴上表情符号、小红旗等。

（三）作业批改的方法

说到作业批改的方法，你也许会说，当然是老师改。是的，毫无疑问，全批全改应该是作业批改的主要形式。但老师一定不要局限于大包大揽，运用不同的作业批改方式有时会起到让人意想不到的效果。

1. 全批全改是主流

将作业全批全改是教师教学工作的基本内容之一。教师应按照规范的格式，认真批改所有作业，并对主要的问题做简单的记录。再次上课时，教师要对共同的问题进行讲解，监督个别学生改正错误。让作业做一次有一次的成效，这是教学质量的基本保障。

2. 有难度的题目与学生集体评改

教师在批改作业的时候若发现学生对某一个知识点普遍都理解得有偏差，应留一两本有代表性问题的作业进行集体评改。教师可以用大屏幕将问题作业投影出来，边引导学生讨论思考，边进行集体评改，然后再让学生们对照自己的作业改正。通过对个别题目的集体评改，可以加深学生对教学重点和难点的印象。

3. 简单内容互批互改

如果是非常简单的题目，例如，抄写、听写或者段落背诵，教师大可以放手让学生组内互批。这既能培养学生甄别错误的能力，又可以适当减轻教师批改作业的负担。

4. 抽点儿时间随堂批改

随堂批改可以帮助教师充分利用碎片时间。当学生在课堂上写作业的时候，他们的速度差距是很大的。老师在巡视的时候，顺便把最先完成的作业批改完，可以有效利用课堂上的碎片时间，如果发现了明显的错误还可以在课堂上再次集中讲解。

5. 自批自改

有的教师对学生自行批改作业的方式不太信任。的确，这确实无法保障作业批改的质量。但如果在自批自改后，教师再进行质量检查或者抽查，也能起到良好的效果。

6. 学优生协助批改

如果作业量偏大，教师又需要马上分发作业本让学生完成下一次的作业，教师可以安排学优生来协助批改作业。要注意的是，先要对批改作业的方式方法进行简单的讲解和培训，另外，老师一定要有复查的程序，以保证作业批改质量。

7. 面批面改帮助学困生

面批面改相当费时间，但却是见效最快的。如果遇到在学某一类知识时临时掉队的学生或者某学科的特困生，教师每天花几分钟时间来帮助他们是非常必要的。

四、嗨，那个拖着不交作业的"老赖"，我们和解吧

如果你以为，我小时候是遵守纪律的乖乖女，那你就错了。

我童年时是拖着不交作业的"高级老赖"，段位级别较高，很少被老师抓住。不服气的话，就听我举几个例子：

我上小学二年级时遇到了全世界布置作业最多的数学老师，我少交作业的招数是这样的：老师每布置一次计算题，我便更换一个新本子，只做最后几道题，然后带到学校。老师问时，我就一脸茫然，诚恳地说："糟糕，上个本子用完了，只带了后一个本子过来！"

暑假过后，其他同学都交了厚厚的一本练习题，我会交上一个只写了开头的练习本。通常没有人会当面检查作业是否完成。随后，我趁到我妈妈办公室喝水、吃东西的机会，再去办公室把空作业本偷偷拿回来。这样，即使被老师发现我没交作业，我也可以理直气壮、故作无辜地回答："我交了啊！"

但是，我不是那种一年到头都拖着不交作业的学生。我会为了凑钱买一本藤子不二雄的《小鬼 Q 太郎》，答应我父母勤工俭学的条件，以一分钱一道题的条件，连做 220 道题，凑够买一本课外书的经费。更多的时候，我因在妈妈的严密监控下而无法放纵，这使得我的成绩一直还算不错。

有了这样的童年经历，现在遇到不交作业的"老赖"，我也毫无惧色，因为我相信，我可以轻易地征服他们，顺利地将他们带上坦途。但在我遇到"千年老赖"唐果果（化名）后，却不得不败下阵来。

很多年前，我曾坚信高压政策是可以制服一切"少年老赖"的。"不完成作业就罚你写五遍，看你怕不怕！"当唐果果第一次没完成语文作业

时，我停了他的课，把他叫到办公室来补作业。我愤恨地看着他补作业的背影，哀其不幸，怒其不争，大有挽救他的"赶脚"。等了很长时间，他终于写完了。结束时，我语重心长地劝说他。他诚恳地表示，第二天一定不会再犯了。

第二天，我一进教室，语文课代表就把手举得高高的。"老师，唐果果又没写作业！"我瞬间火冒三丈，怒斥唐果果："昨天你在我办公室是怎么承诺的？走，按照你的承诺，去补十遍！"他瘪着嘴巴不吱声，顺从地跟着我去补作业。我又等了他很长时间，他终于补完了。

第三天，我一进班，就有几个人叽叽喳喳告他的状："老师——唐果果又——没——做——作业！"孩子的嗓门拖得长长的，一如我心中的感叹。办公室里又留下了我们师生二人废寝忘食补写作业的身影。约定的二十遍作业，已经成为了我们的负担。我辛苦地坚持着，觉得这是在履行人民教师应履行的职责。

第四天，他仍然没有做作业！

我彻底沉默了！我破天荒地没有直接带走他，而是满心沮丧地回到了办公室。为什么？为什么？为什么？他为什么不能理解我的苦心呢？那时的我，心头满是挫败感。

烦乱过后，我心里冒出一个小小的身影，那是童年的自己，那个会想尽花招来逃避作业的我；那个为了凑钱买漫画书，心甘情愿置身题海，愉快算题"挣工分"的我；那个夕阳下，拿着小本子望着夕阳写观察日记的我；那个偶尔得了100分，别人夸我时，还谦虚地说着"瞎猫碰了个死老鼠"的我……

如果现在教师身份的我，遇到过去学生身份的我，我该怎么面对我自己呢？

想到这个问题，我竟一时惭愧不已。毫无疑问，我还是希望自己能对"自己"好一点点，希望不要用"严苛暴行"把那个小小的我逼上绝境。

想到这里，一滴眼泪滚落下来。我说不清楚这泪水中的滋味，是纠结、愧意，还是无奈和沮丧？

我沉默了许久，静视内心中这一大一小两个自己的对峙。如果这个一直逃避任务的小男孩就是童年时的自己，我该怎样破解这个"作业难"的问题呢？

还是宽谅他一点点吧。要知道，从习惯性拖拉到开始行动、跟上队伍，这绝不是一蹴而就的过程。要把期待值降到最低，交给他最简单的任务。只要他动手，就是回暖的第一步。

还是理解他一点点吧。细细想来，我从未考虑过他不完成作业的具体原因，仅用简单的"抄5遍"一统天下，哪里能包治百病呢？也许他是因为书写速度慢没有完成；也许他是因为当日的学习任务不会才没有完成；也许他是当日各学科任务过多，无法完成；也许是因为他和其他同学一起玩耍而忘记完成；也许是因为他被家人带出去应酬，耽误了时间不能完成……有许多种也许，但每一种也许，都应该有不同的处理方式。一万种原因，就应该有一万种应对措施。而我手里只有一个简简单单的兵器——"抄5遍!!!"

还是称赞他一点点吧。拖拉成为习惯，说明学生对学习任务完全失去了兴趣。班主任应帮助他找到作业带来的成功体验。例如，一篇作文当中，用一个红圈圈出仅有的一个准确用词；一次书写当中，为能看清楚的几个词语旁批上红星……这，不都是进步吗？

嗨，掉队的小孩，让我们和解吧！我发现我所有的纠结，产生的原因都是我在用同一把尺子来丈量你的进步。我应该临时为你配上一副放大镜，让我能够看清楚你的一个个优点，并为你的点点滴滴进步喝彩。

又一个崭新的周一，学生们纷纷交来了周记。在花花绿绿的周记本中，竟然也有他的周记本。虽然他只写了短短的两三行，但是，他是主动交的！

我心里一阵激动，马上热情洋溢地给他写下了一段批语："正当我望眼欲穿，奇怪为什么还没有同学来交作业时，你交来了你的作业。为你点个大大的赞！你的作业层次清晰，选择素材得当，无论是完成质量还是完成速度，你都是不折不扣的黑马！太棒了！"

第二周，我按时收到了他的作业。后来，他偶尔也会偷偷小懒，但总能稍微休息片刻，便疾步追上集体的步伐。

　　这就是我和一个拖着不交作业的"老赖"之间的故事。这段经历告诉我，只有开始理解孩子，才能解决问题；只有不断调适自己的行为，一边反思一边改进，才能改变僵局。

第四节 创新课堂形式

一、每天给孩子自主 8 分钟

"自主 8 分钟"是巴蜀小学在德育课程内容上的创新。

班主任在安排和设计活动时，容易把学生放在一边，这是导致学生缺乏自主意识和自主能力的重要原因之一。当学生只能参与既定的活动过程而不能参与到活动的设计及实质的评价中时，这样的参与是不彻底的！学生没有尝试过自我设计，缺乏对自主意识和能力的培养，所以到了高年段，随着其自我意识的增强，学生一方面开始讨厌权威，一方面在没有权威时又感觉有些无所适从。

新世纪的人才不仅要掌握过硬的基础知识和技能，还必须具备较强的自主意识、合作意识、竞争意识和创新意识，以及较强的动手能力、创造能力和社会适应能力等。已往的德育课程中存在着很大的局限性。德育课程改革的进一步深化，必须以人的发展作为终极目标，探索一种崭新的适应时代发展需求的教学模式。

我们学校积极寻找培养学生自主意识和自主能力的途径，探索培养学生自主意识和自主能力的策略，将其纳入德育课程中。我们希望学生在每天短短的 8 分钟里，尝试参与班级、学校活动的设计过程，培养自主意识和自主能力，从而提高学生参与集体活动的主动性和积极性。通过近年来的实践探索我们惊喜地发现，形成序列、循序渐进的"自主 8 分钟"，能够显著地提高学生的自主意识和自主能力。

设计并实施"自主 8 分钟"，有以下两个原则。

第一，自主性原则。

教师要确立学生在活动中的主体地位，尊重学生的自主权，尊重他们独特的思维方式和活动方式，尊重并保证活动的独立性与差异性，让学生积极地、自主地、有创造性地活动和发展，真正实现"自主""全员参与""快乐体验"。

第二，开放性原则。

教学过程是开放的，这主要体现在教学环境和氛围的创设上。要营造出民主的、被学生接纳的、无威胁的、易于创造性、主体性发挥的交流氛围，使学生形成一种自由的、无所畏惧的、独立的探索心态，以激发学生参与各种活动的积极性。学生的学习积极性与满足感是在自由探索的环境中慢慢养成的，并不局限在 8 分钟的时间里，因此，教师可以大胆地将社会和大自然引入课堂，利用更广泛的教育资源。

要特别注意的是，为了让课程有序进行，教师有必要监督并提示学生提前做好充分的准备。给学生提供一个自主展示的舞台，并不代表撒手不管，置之不理。必要的方法提示和过程关注，对于促进学生表达能力的提高也非常重要。

附：自主 8 分钟过程汇报

（上课前学生们有的在扫地，有的在拖地，有的在布置讲台，有的在擦黑板）

（铃声响起）

主持人甲：自主 8 分钟，小小天地，展示才艺。

主持人乙：自主 8 分钟，全面发展，走向成功。

主持人甲、乙：亲爱的同学们，下午好！

主持人甲：今天的自主 8 分钟以贺新年为主题。

主持人乙：精彩节目，不容错过。

主持人甲：第一个节目是筷子书，表演者紫茵。

紫茵：筷子书，敲起来，班里张灯又结彩。

众：嗨嗨，张灯又结彩，欢庆节日来。

紫茵：说祖国，喜事多，神舟六号绕银河。迎奥运，盼圣火，福娃来把新春贺。

众：嗨嗨，来把新春贺。

紫茵：巴蜀园，换新装，喜迎外宾笑开颜。人人都是小主人，WELCOME TO 我们园。

爷爷奶奶齐称赞，我们园，不一般。

众：嗨嗨，不一般，就是不一般。

主持人乙：第二个节目……

生：别急，别急，还有我们呢！

生：（展示铅笔书法作品）我书，我爱祖国，我祝祖国鹏程万里。

生：（展示剪纸作品）我剪，龙腾虎跃，我祝我们再创辉煌。

生：我唱，Happy New Year!

二、家长开放日，让家长走进课堂

家长开放日是很多学校的常规活动，是教师与家长沟通的一种重要方式。开设家长开放日旨在建立一个家校联系的有效平台，让家长了解学校的教育教学情况，了解孩子在校的表现，家长在参与的过程中可以逐步深入课堂，近距离感受孩子的小学生活。

在我们学校，家长开放日是班主任每学期日常工作中的重头戏。虽是常规工作，但班主任们仍旧不断创新工作思路，改变工作策略，努力发挥家长的主动性，争取使每次家长开放日都能够做到形式新颖且见实效。

（一）家长开放日的基本程序

1. 呈现课堂

请家长随堂听课，老师虚心倾听家长对教学的意见。一个个充分体现了新教育理念，自主、互助、开放式的课堂让家长们感到既新奇又亲切。

2. 呈现课间活动

呈现课间活动可以让家长了解学校为学生强身健体、活跃身心都采取了哪些措施。

3. 呈现专题讲座

请相关专家为家长讲解学生的年龄特点及核心素养，提供相关家庭教育策略，帮助家长提升家庭教育品质。

4. 家校零距离沟通

班主任老师、任课老师与家长进行零距离交流，这既让家长了解了学生的在校情况，又让老师了解到家长对学校或老师的合理化建议。

（二）家长开放日的基本原则

1. 温馨提示，提前准备

平等对话、真诚沟通，这是做好家长工作的前提。为了让家长及时了解家长开放日的活动过程和教育目标，在开放日当天了解到更多的信息，我们的班主任常常会在开放日活动前，给家长送上一张温馨的提示单，告知本次开放日的活动时间、活动内容、活动目标，让家长有目的地关注学生的表现，并提前做好准备。一张小小的温馨提示单，既让家长明确了教育目标，又让家长知道为配合目标的落实自己应做些什么。

2. 充分利用家长资源

在活动过程中，我们必须坚持以人为本的原则，充分调动家长参与学校教育的积极性。我们应本着平等合作的态度，发出义工邀请，邀约热心家长参与其中。或进行现场拍摄，留住第一手资料；或撰写简报，用文字记录活动全过程；或参与组织管理，协助做好安全保障工作。班主任要充分发挥热心家长的主观能动性，留住活动中最美丽的瞬间。

3. 及时反馈，精彩回放

家长在"家长开放日"应该看些什么呢？我们为每位家长准备了一份

"家长开放日活动记录表"，引导家长从学生的聆听习惯、发言习惯、小组合作等方面进行观察并及时填表反馈，以便教师及时发现问题并进行个别关注。

每次开放日活动结束后，我们的班主任都会整理出详细的过程性资料，如活动方案、美好瞬间（影像资料）、家长感言、家长满意度调查表等，并把美好瞬间和家长们的感言与收获整理成PPT，在后续的家长会上向所有家长展示，真正做到孩子的活动看得见，教师的教育教学看得见，家长的行为看得见。

[附1]

我们长大了！
——二年级（9）班家长开放日活动方案

一、活动目的

1. 通过学生、家长、老师面对面、心贴心的交流，让家长走进教室，关注教育；走近孩子，倾听心声；走进学校，参与管理。

2. 立足学校，放眼社会，充分发挥学校教育的辐射作用，争取社会各个方面对学校管理的大力支持；协调好学校教育与家庭教育的关系，调动家长参与学校教育、班级管理的积极性，吸纳家长的合理化建议。

二、活动时间

3月25日上午8:30—11:50。

三、活动地点

二年级（9）班教室、学校大操场。

四、参加人员

二年级（9）班全体师生及学生家长。

五、活动具体内容及责任人

节　次	内　容	任课老师
1	数学课	卞老师
2	亲子阳光健身活动	丁老师
3	家校恳谈会	班主任

六、活动流程

时　　间	内　　容	参与人员
8:15～8:30	迎接家长并发放反馈表	家长委员会成员
8:30～8:35	致欢迎辞，简单介绍上课教师	班主任
8:40～9:20	数学课	卞老师、全体学生及家长
9:20～10:00	亲子阳光健身活动	丁老师、全体家长及学生
10:00～10:40	队会活动	丁老师、班主任、全体学生及家长
10:50～11:50	家校恳谈会	班主任、全体家长
11:50～12:00	收回反馈表，离校	班主任及科任教师

七、活动准备

1. 方案拟订：班主任。

2. 教案设计及授课：卞老师。

3. 亲子阳光健身活动设计及组织：丁老师。

4. 环境布置：费老师。

5. 照相、摄像：家长委员会成员。

6. 资料分发及收集：学生干部。

7. 建议及意见反馈梳理：卞老师。

8. 资料搜集、总结撰写：班主任。

[附2]

家长开放日提示单

尊敬的家长朋友：

　　你们好！

　　我们学校一年级的师生们信心满满地迎来了第一次家长开放日活动。我真诚地邀请家长们走进我们的校园，去看看我们每一年的变化；真诚地邀请家长走进我们的课堂，去体验新课程改革带给课堂的活力和生趣；真诚地邀请家长与我们同行，去体味孩子们带给我们的惊喜。为了保障活动的顺利开展，现将有关事项通知如下。

一、到校时间及地点

时间：请在 3 月 25 日（星期五）上午 8：30 以前到校。

地点：二年级（9）班教室。

人员：每个家庭只能选派一名代表参加，如有特殊情况请告知班主任老师。（因教室面积有限，还请家长谅解！）

二、活动流程

1. 第一、第二节课请家长走进课堂听课。

2. 第三、第四节课请家长参加队会活动。

3. 离校前请家长填写"家长开放日活动反馈意见表"。

田冰冰

2015 年 3 月 17 日

轻松治班4.0

招招出新，创意经营

QINGSONG ZHIBAN 4.0

>> 班主任创新经营要特别善于用己所长。要选择自己最擅长的道路、最喜欢的道路。这样才能够让自己焕发出更多的热情和活力，带给学生更多的收获。让我们更好地和环境契合，和自身契合，从而在陪伴学生的过程中，开拓创新，实现师生的共同成长。

第一节　互联网＋主题实践活动设计

一、成长无随笔？博客日记话成长

今天，多数学生已经对网络十分熟悉了，网络文化正影响着学生的思想和价值观。教师面对网络这样一把双刃剑，不能回避，应该占领这块阵地，充分扬长避短，正确引导学生，使网络成为学生成长的助推器。

如何延伸教育的时间和空间，填补学校教育在假期中的空白？2005年，喜欢写写画画的我想到利用博客来做些班级经营方面的尝试，希望可以通过这样一个新的沟通方式，改变假期里师生互不来往、教育断线的状态。

（一）网络平台有哪些优势

仅仅通过博客实现师生间的远程交流并组织活动是远远不够的。关注学生的身心健康发展，教会学生做人，是德育的主旋律，也是网络德育的必修课。这里以博客为例，说一说网络平台的优势。

1. 与时代同步，促进信息多元化沟通

传统的家校沟通方式更多的是点对点的直接联系，而班级博客是一种点对面的辐射状联系，为家长和学生及时了解学校和班级的最新动态提供了平台。博客突破了时间、地点上的限制，为家校沟通搭建起一座便捷的桥梁。

2. 创新交流形式，促家校情感连线

教学生学会做人和关注学生身心健康发展是德育的主旋律，也是班级博客进行网络德育的主要内容。班主任可以自创多种新颖的交流方式，连线家庭和学校，促进教师和学生、家长间的心灵沟通。

2007 年的母亲节，我们学校的孩子们纷纷在班级博客上记录下自己与妈妈之间的小故事，并向妈妈表达祝福。"母亲节到了，我祝妈妈早日减肥成功！""妈妈，我前几天把你气哭了。母亲节到了，我向你道歉，祝你节日快乐！"……七八岁的孩子们用稚嫩的语言，讲述着自己和妈妈的故事，表达着对妈妈的爱和依恋。真情流露的话语深深地打动了妈妈们。一位妈妈在博客上留言说："今天在博客上看到了儿子给我的母亲节祝福，真的是好感动！这是我第一次过母亲节。相比其他节日，母亲节往往会被人们忽略，然而今天我的儿子却给了我惊喜与感动，这篇博文是他给我的最好礼物！"

3. 延伸教育时空，填补假期教育空白

教育是一项系统工程，需要家庭教育与学校教育相互联系并有机整合。我们应努力延伸教育的时间和空间，填补学校教育在假期中的空白，让学校教育的力量更好地服务于家庭教育。

近年来，我们学校在使用班级博客填补学校教育在假期中的空白方面进行了一些有益的尝试。很多班级通过博客进行学生假期活动倡议，关注学生假期生活，并及时对学生进行指导和评价。

假期里，回到河南老家后，我每天都会在网上和我的 33 个小朋友展开"假日约会"。虽然我们相隔千里，但我们每天都通过网络比赛背诵古诗词，感觉心是近的。孩子们纷纷留言："老师，今天我背诵了《蚕妇》《惜时》《相思》。""我今天背了 17 首诗，有《咏鹅》《春晓》《静夜

思》……不过，有些是我学过的。"他们每天都将自己的背诵情况向我汇报。除了比赛背诗词，我还在博客里给孩子们准备了很多生动有趣的小故事和浅显易懂的语文知识，甚至把下学期要上的课文的电子课本也发到网上，让孩子们先睹为快。

班级博客改变了假期里师生互不见面、教育断线的状态，弥补了假期中学校教育的空白，拉近了师生、家校间的距离。

4. 简单方便，构建电子管理档案

申请班级博客简单易行，不需要掌握复杂的网站开发技术，任何一位教师或学生都可以自己动手建立班级博客。

博客提供了对日志的分类功能，这使得日常资料的保存更有序、更明晰。同时，相对于传统方式而言，在班级博客中保存的各种资料（文档、图片、影像等）更完整、更安全。班主任可以十分轻松地构建电子管理档案。

班级博客应当从始至终都由教师与学生共同参与、共同管理。每个学生都可以用文字记录下成长道路上的点点滴滴，这就形成了一个电子档案袋，其中包括学生在学校的表现、自身的创作、资源的链接等，形成专属于每个学生的个人空间，生动完整地反映了学生的在校情况。

（二）班级博客的生存策略

1. 全员参与

班级博客作为一个师生互动交流的平台，同样也要保证教育的公平。班主任要充分发挥自己的聪明才智，尽量吸引更多的家长和学生关注博客，参与博客的讨论，甚至是管理博客。同时，博客还可以有效弥补教学工作中激励性评价的涵盖面不足的问题。班级博客可以对学生进行多方位的褒奖和激励，让更多的学生在班级博客上找到自己的一席之地，从而更好地悦纳自我，形成良性循环。

2. 多向互动

班主任管理班级博客时应该努力实现多向互动。教师、学生、家长都可以利用这个平台，无拘无束地展开网上交流。

班主任可以根据班级和学生的实际情况，将班级事务细化为若干项目，分别在班级博客上公布并点评，并评出每日之星或者每周之星。这样以学生的日常表现为依据的即时性评价，可以引导学生形成良好的道德品质和行为习惯，让班集体自觉形成"我为班级争光，班级以我为荣"的凝聚力。

3. 思维推进

互联网缩小了师生、家校之间的距离，班主任可以利用班级博客潜移默化地影响学生。班主任可以通过博客这个特殊渠道，加强与学生之间的沟通联系，从留言中洞察学生的心灵世界，有的放矢地渗透教育思想，培养其良好的行为习惯，促进其健康成长。例如，为了协助家长进行家庭教育，我们学校各班的班级博客上均设立了有趣的"坏习惯投诉站"，旨在通过家长们的投诉，监控学生在家时存在的私自外出等有安全隐患的行为。一旦接到家长投诉，老师会在 24 小时之内电话回复，与家长一起对学生进行教育引导。

（三）班级博客的误区

1. 将班级博客作为信息公告栏

可以在班级博客中设立信息公告栏，发挥其发布信息快捷方便的优点，从而实现信息的迅速传播。然而，博客的作用还有很多。班主任在管理博客的时候，应该思考：每次活动发布和问题交流的背后，隐含着什么样的教育目标？如何通过网络媒体实现教育目的？班主任只有坚持进行博客管理的反思，才会切实提高班级博客的实效性。

2. 将班级博客作为班主任展示权威的舞台

班级博客应是师生、家校平等交流的互动平台。如果班主任把博客当成了继续展示权威的舞台，那么博客将变成另一个讲台。当班主任继续将强势的语言强加给学生的时候，磨灭掉的首先是学生的参与积极性和真实对话的冲动，这就与博客平等交流的初衷南辕北辙。在班级博客的建立初期，班主任可以充分发挥自己的主导作用，而在博客管理步入正轨后，班主任应退到幕后，让家长和学生真正成为博客舞台上的主角。

3. 将班级博客作为优等生的表演舞台

在班级博客中展示资料，同样也要做到教育公平，面向全体学生。如果仅仅是展示优等生的成绩，就人为地把一个包容而广阔的舞台，变得狭隘而局限。班主任要充分利用这个平台，努力让更多学生得到机会，让更多学生有机会展现自我，在集体生活中寻找到成就感。

4. 将班级博客作为家校矛盾的"曝光台"

无论是哪种形式的网络平台，班主任都要有意识地重点强调网络交流的正确舆论导向，避免有家长因对班主任工作不满，而在博客或其他网络平台上发泄情绪，从而让班级博客变成家校矛盾的"曝光台"。

二、发愁周记难？公众号上开讲堂

网络平台在快速地发展变化，教书育人也不能因循守旧。在班级邮箱、班级博客后，"微信朋友圈"成为了现阶段我们班进行家校沟通新的"利器"。微信统整了语音、图片、视频等多种信息功能，可以直抵家长手机，这种传播信息的方式优势非常明显。

无论是学校通知还是班级大事，我都会第一时间在微信群里告知家长，这样的信息传递速度，远超发短信、打电话等传统方式，效率大大提高。微信让家长与家长之间心贴得更近了，同学过生日、比赛获奖，都会收到来自不同家庭的真诚祝福；即使是接送孩子遇到了困难，在微信朋友圈里招呼一声，马上也会得到其他家长的热心帮助。

对微信的深入运用，也给家校互动带来了新的机遇。夜晚，我一打开微信公众号"冰冰老师作文教室"的操作平台，就哗啦啦收到一堆信息。一位来自外地留言自称"着急妈妈"的网友，给我发来信息——"今天孩子按照你在《约会小豆芽》一文中教的方法写观察日记，足足写了五百字，自己还说觉得不过瘾，还想写。我这个当妈的听见孩子这样自言自语，就像听到了天籁之音。"看到"着急妈妈"终于稳住了心，我不禁笑了。

每逢带班带到中年级，总会遇到很多家长像"着急妈妈"这样，为了孩子作文起步难而犯愁。家长没有帮助学生顺利进行作文起步的良方，常常又丢了教孩子学说话时的耐心，有时为缓解自己渴望孩子成功的焦虑，甚至不惜唇枪舌剑指向孩子。长辈的批评和期待，恰恰是儿童写作初期直接要面对的压力。写周记似乎成了很多家庭爆发战争的"导火索"。

起步作文这一特殊时段，影响着千家万户的幸福指数。能不能在微信公众号上开讲堂解决这一难题，让班上乃至其他班其他学校的孩子受益呢？我把目光投向了我积累已久的"看家宝贝"上。

说干就干，我把多年来积累的"看家宝贝"——作文教学故事，通过微信公众号"冰冰老师作文教室"倾囊奉上。那是我过去辅导家中小侄女起步作文时，边教边记录的几十篇作文故事。当时随手写的反思，现在摇身一变，成了良好的教育资源。我每周在布置周记后，随即在微信公众号上挂出一篇同名作文指导文章，邀请孩子和父母一起阅读其中的作文故事，然后再开始写作。如果阅读后仍然感觉有困难，孩子还可以请家长再讲一讲作文故事中提到的技法。

没想到，这个小小的网上讲堂亮相后，班上很多家长纷纷向我反映，这送上门的"网络家教"简单好懂，孩子爱看，看了会写。他们不仅热心为我点赞，还纷纷把这个公众号推荐给其他朋友。一时间"粉丝暴涨"，这样的情况极大地激励着我。当积累的素材用完之后，我又开始以苗苗作为文中的主角，把作文指导方法融入文中，继续创编作文故事。

来自同事和朋友圈的各类赞赏，是对我的极大鼓励。这两年，应《中国少年报》《少年先锋报》的邀请，我分别在两家报纸开设了专栏。

不仅如此，我还邀请学生代表和网友妈妈们，召开了改进工作专题建议会。大家针对这样的网络讲堂的形式提意见，如哪些亮点值得坚持保留，哪些地方还可以稍作改进？大家纷纷献言献策，产生了很多金点子。现在，"冰冰老师作文教室"微信公众号中，趣味横生的题目，二人对话的作文故事形式，故事与范文相结合的格局，就是经网友家长和学生们共同投票后保留下来的形式。除了作文讲堂，我还精选了很多让我深受启发的家庭教育经典文章，分享在公众号上，指导家长与孩子共同进步。

短短一年时间，这个名为"冰冰老师作文教室"的微信公众号，已拥有了来自 31 个省市的近万名粉丝，俨然成为了一个小小的公益事业。2014 年 10 月，《人民日报》评论版刊登了"冰冰老师作文教室"中的文章《大手牵小手描绘梦想》，把这样一个小小的公益公众号推荐给了更多的朋友。

三、还在拒绝上网？搜索助力课程整合

网络是我们认识世界的窗口。我们可以借助网络搭建起深化学习沟通与课程整合的平台，提升学生的综合素养。

我们班上周末的作业中有一个保留项目——百度作业：每周，同学们梳理出各学科中所学内容的核心词语或重点问题，再借助搜索引擎进行资料查询和整理。学生不仅要关注课本的知识，还要非常注重和课本知识有关的知识链接，从而有效拓展了知识的宽度和深度。

2015 年春节，我们启动了"跟着课本去旅行"项目式学习。以前，每逢寒假前，学生们常常为假期去哪里旅行而苦苦思索。我们班的学生提出了一个金点子，成了班级项目式学习的研究方向，那就是——跟着课本去旅行。课本上提到了很多国内外的不同景点，无论是美文还是美景，都值得细细琢磨。我带领学生们把各个版本、各个学科教材中提到的所有著名景点都整理起来，通过搜索引擎查询资料并结合自己的旅行实感，整理成景点攻略，特别是对文章当中提到的具体景点更是详加陈述。这样的旅

行手册，对即将外出旅行的学生而言，是非常有益的经验参考；即使足不出户，也可以跟随这本旅行攻略，领略祖国大好河山。

为了进一步提升学生的综合素养，在 2015 年的 3·15 消费者权益保护日前，班委会商议要做一次有关网络购物的调查问卷，这是致力于锻炼同学们沟通交流、数据整理等能力的社会实践活动。在班长周泓锦的带领下，同学们借助搜索引擎，从 200 个广泛搜索来的网络购物的调查题目中，筛选出了大家最感兴趣的 12 个问题，制成规范的问卷。为了节约班费，几位班委连续跑了多家复印店，最后以最便宜的价格印制了 800 份调查问卷。当学生们分别带着调查结果返校后，首先分头整理个人调查问卷当中的数据，然后借助团队力量共同计算班级调查大数据，最后还认认真真参考网络模板，形成了虽然稚嫩但结构完整的调查报告。一个看上去简简单单的社会调查活动，因为有了对网络平台的深度运用，做出了与众不同的新滋味，对学生综合素养的提升起到了良好的促进作用。

借助网络统整资源信息，不仅是学生要具备的能力，也是班主任们要掌握的工作技能。在幼小衔接阶段，年轻的爸爸妈妈常常希望在最短的时间内把孩子的衣食住行安排妥当，帮助孩子平稳开始小学学习生活。但很多家长对校内外的地理环境、幼小如何衔接过渡、小学家长的教育方式等都存在不少困惑。我和学校骨干教师一起策划了送给家长的贴心宝典——《新生家长直通车》。大家在网上积极搜集资料，反复研讨，把新生入学后家庭最需要解决的种种问题，一一在手册当中罗列。《新生家长直通车》从学生入学报到流程、生活和物资准备谈起，拓展到家教修炼及新生入学常见问题，甚至还包括了学校周边的公交线路、餐饮小店和文具店的地址、电话，为帮助学生顺利开启小学学习生活奠定了基础。

第二节　周末主题实践活动设计

周末主题实践活动一直是我实施跨学科课程的主阵地。班主任应带动每个家庭，为学生提升综合素养搭建一个周末专属领地。

一、不一样的美食争霸赛

说到"吃"，每个孩子都会忍不住欢呼雀跃。俗话说，唯爱与美食不可辜负。只喜欢吃可以吗？答案当然是 NO！为了培养孩子成为生活中的美食小行家，我每个月定期在班级里举行美食厨艺赛，让孩子们主动向父母取经，学会过有品质的生活。

值得一提的是，咱们这个美食厨艺赛，不仅要比菜品的色、香、味，还要比菜名的文艺性，并组织家长进行点赞评价。这样的厨艺大赛，效果真是万万想不到呢！

提到做菜的流程，很多小朋友会信心满满地说："买菜、洗菜、切菜、炒菜、上菜。"嘴上说说，这的确很容易。真正卷起衣袖、系上围裙下起厨来，究竟是怎样的一番景象呢？

（一）制作过程，笑料百出

瞧，买菜这一关，就把华浩然难倒了。妈妈陪着华浩然一起来到了家附近的菜市场。走进菜市场后，他惊呆了："天啊，这品种也太多了吧！"在接下来的半个小时里，他艰难地穿梭于各个摊位之间，不断地拿起放下，犹豫不决。最后，还是妈妈出马，熟练而快速地挑选出一样样新鲜的食材。

切菜时，孩子们也状况不断。敖顺烯把大葱和辣椒切成一小节一小节的。这时，眼睛有点儿痒，她便用手摸了一下眼睛。突然，她"啊"地大叫一声。妈妈走进厨房一看，便忍不住大笑着说："傻孩子，你怎么能直接用手去擦眼睛呢，很辣的！"听了妈妈的一番解释，她恍然大悟。

而丝毫没有做菜经验的刘忆，在看见锅里的热油后就立马逃离了"战场"。后来，在父母的帮助下，20分钟后，一盘香喷喷的红烧肉就出锅啦！事后，她不禁感慨地说："虽然很疲惫，但是我超级高兴！没想到，做一顿饭这么难。"

（二）文艺菜名，重在意境

一道美味可口的菜，怎么少得了充满文艺气息的菜名呢？为了满足课程综合化的需求，在布置任务时，我要求每个孩子都给自己的菜取一个文艺的名字。

为此，孩子和家长上演了一场"取名大战"。孩子们取名的灵感也各不相同。有的根据食材的名字取名，有的从造型入手，还有的用课本里的诗词赋予菜品意境……

周泓锦看着桌上的菜，皱起了眉头，并把目光投向了一旁的爸爸。看着儿子求助的眼神，爸爸淡定地说："舌头对着耳朵。"刚一说完，周泓锦立刻回答："悄悄话。"这时，爸爸回上一句："你可不可以换个四字词呢？"思索一分钟后，周泓锦爽快地说："啰啰唆唆。"这让爸爸哭笑不得，竟不知如何作答。于是，爸爸直接说出了答案："窃窃私语。"听了答案，周泓锦竖起大拇指，为爸爸点一万个赞。

还有的同学，先想菜名，再决定做什么菜。不得不说，为了一个文艺的菜名，家长和孩子真是蛮拼的！

（三）晒图点赞，星级评价

"哇，这道菜看起来好美味啊！""哈哈，他竟然没放油就直接炒肉了……"饱餐一顿后，班级微信群和朋友圈里热闹了起来。原来，孩子们把做菜的全过程晒了出来，有的是配上音乐的短视频，有的是精心制作的PPT，还有的是被PS过的美图……此外，学生在晒出作品之后，不仅要集赞，还要让父母进行细致全面的点评，并为每道菜标出星级。为了获得更多点赞，王祖贤等同学甚至还在群里拉票了呢！如此有趣而多元化的评价方式，真正激发了学生的兴趣。

父母是孩子的第一任老师。在生活中，父母往往可以教会孩子很多东西。举办美食厨艺赛，不仅可以让孩子学习成为生活中的行家里手，养成一些好习惯，还能够给予孩子更多的亲子时间，让其感受亲情的美好。当然，写作的素材也都不用愁啦。

二、每周一封家书让妈妈酸了鼻子

每个家庭都有着不可忽视的教育力量，在家校沟通的过程中，如果你发现了家庭教育的亮点，应该多多发扬推广。每周一封家书，促进家长和孩子间的真诚对话，这个全班参与的学期活动，正是我和一个家庭对话沟通过程中的宝贵发现。

（一）发现典型，选点推广

三年前，我刚刚接手新的一年级的一个班，无意中发现了一位名为冬子的小男孩的家书本。

我发现，他每周都在一个普通的彩页日记本中，用拼音和字等简简单单的形式向妈妈表达自己的心意，而妈妈也会一笔一画认认真真地回复孩子的想法。

冬子的妈妈告诉我，一开始她对儿子这样一种表达爱的方式并没有太在意，后来有一次在读过《曾国藩家书》后她突然联想到，儿子之前交给她的那些纸条，正是最温暖的表达爱的方式。于是，冬子妈妈给孩子买了一个彩页日记本，每周都请孩子认认真真地写信给自己，她也会认真阅读每一封信，并认真给孩子回信。这种不说教的形式，其实是一种温暖的叮咛，传递着一种感动。这种母子之间毫无隔阂、毫无说教的充满温情的对话，值得更多的家庭学习。带着这样一种想法，我决定把冬子与妈妈的做法在全班进行推广。

（二）带动全体，真诚对话

在随后的一次家长会上，我向全班同学及家长讲述了这样一个用书信传递爱的故事，并希望大家一起参与进来。有很多家庭饶有兴致地开始了书信对话之旅。

记得班上有一位叫文博的小男孩，他写的第一封家书并不长，只有简简单单的三句话，格式上还有一点儿小的错误。但爸爸大大地称赞了他。那种对孩子饱含深情的激励性评价，比老师做得还要好。

每个孩子都是最好的读者，无论家长的信是长是短，每个孩子都将其视若珍宝，仔细装在书包里，想爸爸妈妈的时候，就翻出来读一读。

为了给妈妈写一封世界上最长的信，王小贤花了 4 天的课余时间，写了整整 5 页，字里行间充满着对妈妈的关爱："妈妈：要多加衣服，小心感冒哦！我在学校很想你，想你的时候就把信拿出来看一看……"

"亲爱的爸妈，我这周过得非常非常非常非常非常非常非常开心！你们呢？是不是也是和我一样过得非常非常开心呢？爸爸妈妈我爱你们！"王艺洁写信有个特点，每封信后面，都会写上"我爱你们"。

"这周学了《假如我有一支马良的神笔》，要是我也能有一支神笔，我会把外婆的脚治好。"张耀麟是个开朗的小女孩。在给她回信的同时，妈妈会把收到的那封信里的错字标出来，并把她用拼音代替的不会写的字，小心地标在上面。

每周，我都会抽出时间为孩子们点拨一下写作方法。一切都显得那么自然，没有孩子觉得是在被迫写作。孩子写作的功力，在不知不觉中增强了，期末的时候，很多小朋友已经能轻轻松松地把一件事情叙述清楚了。

（三）用心交流，用爱互动

2014 年 9 月开学前，我再次向全体家长发出号召，希望他们能够用写一封家书的形式，在开学前为每个孩子助力。很多家长都是第一次用这样的方式帮助孩子开启新学期。不少人思绪万千，仿佛有写不完的话。有的家长一封信写上一两个钟头，有的家长写着写着眼眶就湿润了。

"小儿，在我们一起相处的时光中，有欢乐，有悲伤，有争吵，有难忘，可不管怎样，这些岁月在妈妈的心中都是不可复制、弥足珍贵的财富。记得在你四岁的时候，我下班回到家，刚坐到沙发上，你就端来一盆热水让我洗脚，并用你那胖乎乎的小手在我的脚背上来回抚摸，还不停地问我：'妈妈，舒不舒服呀？'我感动地说：'宝贝儿，舒服极了，你怎么想起来给妈妈洗脚呀？'你一脸认真地回答：'我跟电视里学的，儿子应该孝顺父母啊！'小儿，你知道吗？妈妈被你的行为深深震撼，这种感动持续至今。每每想起，浑身每个细胞都充满了幸福与感激，真的很感谢你！你是一个重情重义、孝顺的乖儿子！"天阔妈妈在信中这样回忆儿子童年里的一件小事。她说，在给儿子写这封信时，她忍不住要落泪，"有些话平时说会觉得肉麻，用写信的方式就能表达很多当面难以表达的情感。"

看到妈妈的这封信，儿子天阔深受感动："我4岁时做的一件事妈妈现在还记得。妈妈这10年为我做了这么多事，我还不听话。从现在开始，我要好好学习了！"

鸿雁传书这样一个传统的充满中国味道的表达爱的方式，在被恰当地引入班级集体活动后，如老树生新芽，焕发出了蓬勃的生命力。

三、请和我一起体验，等一封信，漫长得如同一生

"那个时候，没有电邮，等一封信，漫长得如同一生。"这句电影中的经典台词，成为了重庆市巴蜀小学和大连市风景小学学生们的最新体验。在这个手机和QQ成为了主流联系方式的今天，运用传统的鸿雁传书的方式联系远方的朋友，这对孩子们来说，真是一件新鲜事！

"在祖国的东南西北，有许许多多我们的同龄人，大家彼此建立联系，交上朋友有多好。"在5年级下册语文园地中有这样一段话。在学习时同学们都并不在意，都觉得自己怎么会和别的同龄人有书信往来呢！同学们没有预料到，在学完这个单元后，三十几封神秘的信出现在了巴蜀小学五年级（11）班。信从哪里来？

原来，这些书信是辽宁省大连市中山区风景小学五年级（2）班的同学寄来的。在学习完第一单元后，风景小学的李丹老师特别有心，约到了我，我们相约让不同地区、同样年级的学生们成为笔友。

（一）学生说：寄信的方式会消失，希望多尝试

学生打开信封后，教室里的欢呼声此起彼伏。信封里面不仅有充满深情厚谊的信，还有饱含心意的小礼物！

华浩然同学坦言，当看到语文科代表抱过来一大堆信时，心里既好奇又高兴。他从信中得知，给他写信的这位小朋友名叫陈豪，11 岁，是个体育健将。陈豪告诉华浩然，大连是一座美丽的海滨城市，有美味的海鲜，如果他能去大连，一定会请他吃清蒸海蟹、红烧大龙虾。一番邀约，惹得华浩然口水直流。陈豪还告诉华浩然，他最喜欢吃海参，海参被水泡过后会变得肥胖，摸起来像橡皮糖一样软。

同学们开心地书写回信。王艺洁文思如泉涌，一下子就写了三页。修改誊写时，她也格外认真，生怕有半点儿差错。"第一次寄信，真的很好玩，好期待啊！"她兴奋地说。

张耀麟同学周末回到家后，一直在琢磨回信时给王一一同学送什么小礼物。"他是男生，我是女生，如果送她女生的小装饰品，并不实用，送什么好呢？"张耀麟在书房里绞尽脑汁地思考，挑来挑去，挑出一个自己最喜欢的千纸鹤的折纸，放到信封里。她把心中所有的祝福伴随信笺寄到了辽宁省，寄到了新朋友的手边。

谭茹月同学第一次尝试写信和寄信，她很好奇，一切都是非常的新鲜，她蹦蹦跳跳地来到了邮局，小心翼翼地把邮票贴好，然后投进邮筒里，并且拍照记录下了这样一个过程。"原来传递消息这样方便，一封信就能让离得这么远的同学得到我们的消息，让我们互相联系。"离开邮局的时候，谭茹月仿佛看见了陈浩轩同学已经收到了她的信，她不由自主地笑了起来。

周泓锦同学对于回信这件事非常重视。他觉得首先要注意书写工整，生怕别人误以为自己是个成绩非常不好的学生。信的内容一定要丰富，要

感人，要比寄信来的曹天岳写得好，才对得起对方的辛苦劳动。

敖顺琦同学认为，现在已经不流行写信了，人们大多用微信、QQ 保持联系。也许寄信这种方式有一天会消失，她希望多多尝试寄信！

（二）老师说：尝试打破区域界限，开展班级活动

参与了两地鸿雁传书活动的我和大连风景小学的李丹老师，也都和孩子们一样，觉得这样的活动非常新鲜有趣。

我认为，在信息传递越来越快节奏的今天，让孩子们尝试一下慢节奏的通信生活，在一笔一画的书写中，寄出一份友情，感受等待的乐趣，也是一种别样的体验。从书写信的内容、选购小礼物，再到邮局完成寄信的任务，这对孩子的综合能力也是一种崭新的锻炼。班主任尝试打破区域界限，建立新的成长共同体，一定可以在传统活动的基础上生发出更多的精彩。

四、和"败金娃"交锋

过完春节后，班上的几位同学显然还没有从赚到压岁钱的喜悦中走出，每日饮料、玩具、文具随意添置，尽显"土豪"本色。悄悄一盘问，大多是将父母不曾收走的压岁红包，以购买文具、支付餐费等理由留在身边。他们每日频繁出入校门口的小店，让我十分担忧。

我不得不认真反省自己。以往我常和孩子们谈节约，谈父母挣钱的辛苦，但往往很难说到学生的心里去。用我们班徐"土豪"的话说："老师，我没有乱花，我也没有破产，我确确实实还有很多压岁钱。"思来想去，我决定还是不去唠叨什么心灵鸡汤，也不去啰嗦什么大道理，而是让这帮小败金娃通过具体活动，去学习体会用钱省钱的学问。

（一）氛围营造——班上成立了"节省吧"

受同事启发，我在班会课上召集大家商议在班上成立"节省吧"事

宜。大家都被这个有趣的名字逗乐了。我从学校相关部门调出了班级上学期的电、纸、洗手液、纯净水的使用数据，组织大家讨论班级节约的具体行动。我郑重其事地提出要求："不要说空话，要句句落实！"

大家七嘴八舌地讨论，还真是想出了不少金点子。往常作业本都是开学初统一发放，往往老师统一换新本子时，学生还有很多本子没有用完。现在变成了用完一本换领一本，凭旧换新，回收的旧本子统一发放用作草稿本。据初步估算，仅本子凭旧换新、旧本重复使用这一项措施，全班一学期下来就能节约近百个新本子。

"设立专门的灯官，负责关闭教室的电源。""粉笔头别扔掉，装在专门的粉笔盒里供同学们板书时使用。"……同学们叽叽喳喳，贡献着自己的智慧，甚至我上课时用粉笔时喜欢掐掉一小截再写，这样的细节也被细心的同学揪出来，提了整改意见。我们理出了"节省吧"管理制度，清楚明白地把我们的班级"节省吧"公约梳理了一下。

小小班级"节省吧"，倡导节约大思路。

凭旧换新省纸张，背面验算一样棒。

人走灯灭有灯官，白天多用自然光。

小粉笔头不乱丢，练字写字大用途。

涓涓细流勤洗手，用后关紧水龙头。

压岁零钱不乱花，科学支配有方法。

……

我郑重地将班上"节省吧"的公约张贴了出来。那红红的省字醒目而鲜艳，我知道，这是用明确的行动营造班级整体的节约氛围。

（二）切断源头——必须把"工资"降下来！

经过观察和了解，我渐渐锁定了班上几个花钱大手大脚的目标。他们现在显然还不能控制自己的欲望。衣兜里的几元到十几元零用钱，就让他们的心思无法宁静下来。他们常流连在校门口小卖部，直至预备铃声响起才匆匆走进校门。我分别约谈了这几位同学的父母，逐一了解，发现孩子手上有钱的原因各不相同，有家长给的备用的打车钱，有一部分是压岁钱或零用钱，甚至还有按月给孩子发放的"工资"。

我直言不讳，向部分家长提出了要求，建议给餐费车费时尽量给孩子办卡或购实物，同时必须把"工资"降下来。如果硬要给"工资"，也要以绩效工资的形式，将每月的奖励积累到假期中，转作旅游基金。这样，就让孩子平时手中的钱有数、有限。我一番苦口婆心的劝说之后，最终转变了几位父母"再苦不能苦孩子"的观念。

（三）打开心结——理财吧，少年！

控，始终不是个办法。控得住一时，却改变不了孩子花钱的观念。班上小周同学的妈妈是银行的职员，我邀请她来到班上给大家讲讲理财的方法。人家不愧是专业人士。一番讲解后，同学们惊讶地发现，十万元存进银行一年就可以得到三千多元利息。如果存上五年，利息就变成了一万多元呢！用这笔钱去买基金，得到的利息可能更多。就算什么也不买，存到现在很流行的余额宝，每天也可以多出几元钱呢！同学们边听边在小组中用计算器计算着自己的压岁钱，如何才能"大钱生小钱"。徐同学感慨地说，如果把压岁钱存进银行，等下个学期再取出来，银行送我的利息都够交学费啦！

为了帮助孩子们实现零用钱的可持续增长，小周妈妈还教给孩子们一个"3331"的个人理财规则，即把自己的零用钱的30%用于消费，30%用于短期储蓄，30%用于长期储蓄，10%用于公益奉献等，这样就消费存钱两无误，让自己的"小金库"实现了可持续增长。在家委会宣传了她的提议后，很多家庭都趁周末给孩子办了专门的账户，让孩子体验存款的过程；不少孩子还尝试用自己的零用钱去买"读书基金""未来基金"；还有的学生雄心勃勃地计划着，要把压岁钱存起来，准备着自己长大了创业用呢！

（四）转变观念——两元我能过一天！

我不动声色地继续努力转变败金娃们的观念。一天中午，我兴致勃勃地给同学们念了一条新闻——《2 元过一天，看大学生挑战极限》，这个新闻引起了大家的热议。有的同学觉得无法实现，有的同学却不屑一顾地说："我一天下来一分钱都没花呢。"我提议："咱也选几个同学试一试，挑战一下？""试试就试试！"一时间班上举手者甚多。我煞有介事地从各组中挑人，点中了那几个败金娃出来 PK。大家商议后明确了游戏规则——"三餐在家，坐车用卡，其余费用，2 元搞定"。几个败金娃兴致勃勃地投入此次"2 元过一天"的活动中。

　　正值赛期，徐同学最喜欢的作家来重庆签名售书，这可让小徐同学为难了。书要 26 元，可是这一用，就会在"2 元过一天"活动中败下阵来。这让昔日的徐"土豪"十分为难。经过他们小组的紧急商议，他们想出了从家长那里分期付款的鬼点子，这下就解决了难题！看到他们每天认认真真省钱，从大手大脚到精打细算的样子，我暗自欣喜，期望他们在这样的比赛中，赛出心得，赛出改变。

第三节　节日、纪念日主题实践活动设计

一、母亲节：妈妈，请告诉我你的秘密

近年来母亲节已被世界上许多国家所接受，成为世界性的节日。绝大多数国家都是在五月的第二个星期日庆祝母亲节。如何让这个洋节充分发挥其教育作用呢？

（一）缘起：一次失败的课堂对话

课堂上的一次对话，让我陷入了沉思。有一次，在讨论一篇有关母亲的课文时，我问学生："母亲节你们会选择什么样的节日礼物送给妈妈呢？"

很多孩子兴致盎然地举起手。一个学生说："我在最好的蛋糕店给妈妈买一个蛋糕。"接着一个男生站起来大声说："我要给妈妈买一个两层的蛋糕。"一时间，学生说出了蛋糕、巧克力、鲜花等各类节日用品，我则在一片相似的声音中期待着不同的答案。终于，一个小眼睛的男同学站了起来，他小声地说："我想给妈妈买一支细芯水笔。"这个回答引发了班上一片哄笑声。竟然有人买这么廉价的礼物送给妈妈，孩子们觉得太不可思议了。

听到笑声，我忍不住锁紧了眉头，追问这个男生原因。"因为她是个会计，填表格的时候，常常需要写像蚂蚁一样小的字，我才想到送她细芯水笔。"我高高举起大拇指，冲着全班学生认真地表扬这位男同学。大家都不明白我为什么单独表扬他，我语重心长地跟大家说："孩子们，发自内心地为母亲寻找最适合母亲的礼物，才是最好的礼物。"

这次简简单单的课堂谈话让我想到，无论是对亲人还是对朋友，都不能仅仅以购买礼物作为表达爱的方式。爱的能力也是需要学习的，班主任应该以节日活动为载体，教学生学会爱，学会合理表达爱。

（二）让我们共同策划爱的表达方式

母亲节前夕，我向学生们抛出问题：用十元钱可以为母亲送上什么样的有创意的礼物？在讨论前，我建议学生们围绕"创意"二字下工夫。同时，我表示将承担这一次活动的费用，为每一个计划书过关的孩子支付十元资金支持。

最初，学生们交上来的计划书大同小异，有人索性将我表扬过的活动提议一字不落地抄写下来。当然，其中也有不少是妙趣横生的。我在大家交上来的计划书中精挑细选，重点指导了十一二位同学的创意，以期让他们的行为为班级做好示范。

孩子们能给母亲带去什么样的创意礼物呢？其实，我的心里也没有底。

第二天，我看到了艺洁的妈妈在微信朋友圈中发出的信息，她这样写道："今早下夜班，我刚走出办公室门口，就惊喜地看到艺洁捧着一束鲜花向我跑来，我顿时感到无比幸福、甜蜜！一夜的劳累也跑得无影无踪了！回到家，一进家门居然发现艺洁还在家里用气球、彩带进行了装饰，又是一个惊喜。最后，艺洁还拿出了一封写给我的信和一支玫瑰。谢谢我的宝贝女儿，你真是妈妈的贴心小棉袄！"随后，艺洁的妈妈又发了好多现场照片，我也被这种浓浓的爱的气氛感染了，分享着一个普普通通的家庭那种真挚的幸福。

小周的礼物更是别出心裁。他给我发过来一张照片，照片里他正在用刀削着一个苹果，桌子上摆满了还没有完工的贺卡。难道只是给妈妈削一个苹果？我的心中不禁画了一个大大的问号。见我没有回应，小周又发来两张照片，一张照片里他笑嘻嘻地举着自己的作品，是一个红红的苹果，还被啃了一大口，苹果上面写着 iPhone 8。苹果的下方吊着一张心形的卡片，上面写着"祝妈妈节日快乐，特送一部 iPhone 8 手机"。另一张照片里，妈妈收到小周的礼物后，二人开怀大笑。小周在微信中告诉我："我是想通过这个设计，送给妈妈一份快乐。"

我的手机响个不停。小胡为妈妈做了创意早餐，还设计了羊年的 LO-GO；小顺为远在区县的妈妈录制了视频，还准备给妈妈颁发"最棒妈妈"

奖状；小迪精心制作了 PPT，回顾妈妈陪伴自己成长的历程……

（三）对班级保留节目的再审视

到了 2016 年，当我打算把这样一个项目作为班级保留节目继续做下去的时候，一个新的问题冒了出来：今年仍然用同样的方式吗？怎么样让班级保留项目每一年都能焕发出新意，能做得年年都有所不同呢？

我对去年那个让人十分满意的节日活动过程再次进行审视，有两点发现：第一，去年因为时间紧，因此所有资助学生提案的资金是由我出的，虽然老师赞助这件事情也无可厚非，但显然家长群体对于这件事情的知晓程度和投入程度是远远不够的；第二，我对于以爱为主题的节日主题实践活动，缺少后续的关注。

想到这些，我随即对新一年的方案进行了调整。

我把目光投向了微信朋友圈中常常见到的轻松筹 APP 软件。众所周知，这个软件常常用于资助各类患大病需要救助的人士，但这个软件还有另外的用途——筹集梦想基金。我在其项目说明书中郑重写下："我承诺'如果 3 天可以筹集齐项目经费，田老师就为每位美丽妈妈额外赠送一份礼物。'"没有想到的是，原本预计在 3 天内筹集的资金，只用了短短 3 个小时就筹集齐了。家长和朋友们纷纷表示，这样的活动应该持续做、做成系列。

孩子们再次参与这样的活动时，更加驾轻就熟。那位小周同学，铆足劲儿要给妈妈再来一个大大的惊喜。一大早，他就带着 10 元钱来到了小卖部，购买了 502 胶水。他从家中翻出一个银色的钥匙圈，还从自己多年积累的各种各样形态各异的石头当中，选出一小块最接近于心形的石头，再把它细心地打磨成心形。随后，他还翻出了妈妈之前的一个旧的红绒面的首饰盒。一切准备停当，他说干就干，磨、画、粘、剪……不多一会儿，一个饱含着爱的"史上最大的钻戒"就完成了……

为了让关于爱的主题实践活动能够持续产生影响，我设计了一张名为"爱的打卡机"的表格，共有四列内容，一分钟就可以填完。在表格中，孩子简单写出帮助父母做的事情，然后家长写上一句称赞的话并签字。我们班将这样简简单单的方式作为每周固定作业，让孩子们坚持下去，形成良好的习惯。

二、重阳节：听姥姥讲那过去的故事

"重阳节"是一个登高望远、品糕赏菊的日子，更是一个弘扬中华民族尊老、敬老、爱老传统美德的日子。然而，重阳节也是诸多节日当中最容易被忽略的节日。

（一）国外访学时的一个偶然发现

2013 年我去美国访学，路过一家售卖纪念品的商店时，两本小册子引起了我的注意。在这两本名为"我爸爸"和"我妈妈"的册子里有许多采访问题和大量的留白，帮助孩子找到抓手，充分地了解父母不为人所知的故事，甚至秘密。这两本小册子价格不菲，但我还是买了下来。

回到学校，正是九月开学季。当重阳节以惯常的步调缓缓而至时，我又想起了行李箱一角的这两本小册子。册子里的问题，不仅可以帮助学生了解父母，还可以教会孩子关注身边的长辈。

说干就干，我认认真真地把两本册子上的问题翻译了出来，并进行了适度的合并和调整，形成了下面这个包括 37 个问题的自选菜单。我希望可以借此引导孩子学会关注老人，试着倾听老人，懂得欣赏老人。这才有了"听姥姥讲那过去的故事"主题实践活动。

（二）变身记者，深入采访

"同学们，这次重阳节，大家要完成一份特殊的语文作业哦。"周五语文课，一走进教室，我就神秘地抛出这句话。话音刚落，教室里瞬间炸开了锅，不少孩子好奇地问："什么作业啊？""好玩吗？"眼见孩子们的胃口已经被吊足，我便把这次活动的主题一一道出。听完我的解释，教室里再次热闹起来，孩子们已经迫不及待地开始筹划啦！

　　孩子们可以从 37 个问题中选择 3—5 个来提问并记录。比如，什么样的音乐旋律伴随着您的成长？您的那些老邻居们当年是何模样？您小时候住的老房子是什么样的？

　　于是，在重阳节，孩子们带着这些问题，走进了姥姥（奶奶）的童年生活。老人们拿出了一张张有些发黄的照片，一件件收藏多年的"老古董"，有的说起了他们童年时爱玩的玩具和游戏，有的则拿出了童年时代珍贵的留影，还有的说起了小时候的美食，唱起了他们那个年代的儿歌……老人轻轻地讲，孩子一边安静地听，一边窸窸窣窣地记录，缓缓走入往日的旧时光。

重阳节采访问题自选提纲

　　1. 您小时候住的老房子是什么样的？您的那些老邻居当年是何模样？

　　2. 当您还是小孩的时候，最喜欢过什么节日？您和您的家人们是怎么庆祝节日的呀？

　　3. 当您还是小孩的时候，你曾收到过的最让您难忘的礼物是哪些？

　　4. 您最喜欢的宠物是什么？又是什么使它们如此与众不同？

　　5. 当您还是个小孩的时候，当您是个青少年的时候，当您长成大人的时候，您想着您以后要成为一个什么样的人？从事什么工作？

　　6. 在您的亲戚中，您最喜欢的是哪些人？是什么让他们如此与众不同？

　　7. 您和您的母亲有过的最难忘的回忆是什么？那您和您的父亲呢？

　　8. 在您年少的时候，您和您家人的关系怎么样？

　　9. 您的哪些品质和性格，是您的父母也有的呢？您在哪个方面最像您的父母？

　　10. 您的母亲或者父亲曾教给你最出色的一件事情是什么？

　　11. 您的父母给您定了哪些规矩？哪些规矩让您难以忍受？

　　12. 您做过的一件或者两件不曾告诉您父母的事情是什么？

　　13. 在您年轻的时候，曾做过的最糟糕的一次恶作剧是什么？

　　14. 是什么样的音乐旋律伴随着您的成长？

　　15. 您从小时候到现在的密友们是谁？他们当时是怎么样陪伴您的？

16. 在您的记忆中，您最快乐的一个夏天是怎样度过的？

17. 您觉得最好的一位老师是谁？为什么？

18. 您进行体育锻炼吗？您最喜欢的体育项目是什么？

19. 您刚上班的时候做的工作是什么？您做了哪些事情？您还记得您挣了多少钱吗？

20. 您曾经获得过哪些让您引以为傲的奖励呢？它是一个怎样的荣誉呢？

21. 您是如何与您的丈夫相遇的？你们第一次见面是怎样的呢？

22. 在您还没有生育小宝宝之前，是怎么度过您的空闲时间的？

23. 您还记得您的孩子出生时的情况吗？

24. 对您来说，成为一个母亲意味着什么？

25. 作为一个母亲，您觉得最精彩的事情是什么？最糟糕的事情又是什么？

26. 您和您的孩子在一起做过的最难忘的事情是什么？

27. 关于做一位母亲，您想给其他人哪些建议呢？

28. 您曾经游览过的最有趣的一个地方是哪里？

29. 您曾经做过的最疯狂或者最任性、最冲动的一件事情是什么？

30. 在您未来的人生中，您还想将哪些事情继续做下去？

31. 您希望您的子孙后代如何铭记您呢？

32. 您最完美的一天是如何度过的？

33. 您最敬佩的人是谁？为什么？

34. 回顾您之前的人生，您最骄傲的成就是哪些？

35. 从您出生到现在，那些已经改变了的、不管是好是坏的生活方式是什么呢？

36. 您最喜爱的美食是哪些？

37. 如果您可以许三个愿望，您会许下什么心愿？

（问题翻译改编自英语手册《我爸爸》《我妈妈》）

（三）题材丰富，故事动人

只有两天的时间，孩子们的作业完成得怎么样了呢？周日晚上，我好奇而忐忑地打开了工作邮箱，一个个文稿早已乖乖地等在那里。

孩子们通过采访发现，老人们最喜欢的节日是春节。王艺洁同学这样写道："大年初一是孩子们最高兴的日子，这一天可以不用做事，吃完汤圆后就穿上崭新的衣裳，在口袋里装满各种炒货，邀约小伙伴们上街去玩。街上有玩龙灯、划旱船的，可热闹了。最好玩的就是晚上，每家每户都会在门口挂上年灯。孩子们会去'偷'年灯，再把'偷'来的年灯挂在别人家的门口。"在文章的最后，王艺洁也表达了自己对于传统春节的向往。

还有的同学了解到，姥姥小时候生活条件十分艰苦，住的房子都是茅草房。朱佳杰同学说："外婆小时候生活在一个贫穷的山村，住在当地很普通的土坯房里。土坯房的墙是用泥土做成的：先用树干做成房梁，再在上面铺上木板，盖上用泥土烧成的瓦。为了增加光线，会在每间屋里，加上一两片亮瓦，墙的高处还会开上一两个小小的窗户……"

一篇篇生动而朴实的作文，让我内心充满了感动。看似不起眼的作业，却变成了孩子和家长最值得品味的重阳节礼物。后来，我欣喜地看到，在孩子们的日记里、作文中，家人的出镜率越来越高。家人间那份浓浓的亲情，陪伴着孩子一起成长。

三、世界阅读日：一个小男孩被拒绝之后

2016年4月23日是世界阅读日，恰逢周末，我将阅读日和古典名著单元的学习相结合，组织孩子们完成作业三部曲——阅读古典名著、收拾家庭书架、上街进行阅读推广。

（一）大跌眼镜——一条出乎意料的微信

我一度以为活动取得了阶段性的胜利。就在我欢喜地分享孩子的成

功，乐此不疲地打开微信时，一位男生的妈妈发来了这样的一段信息，让我愣住了。

微信中，男孩妈妈非常客气地解释："田老师您好，孩子这周的语文作业做得不理想，特别是世界读书日拍照的这一项。这孩子昨天可能运气不好，我带他到超市门口，一连问了五六个人，有年轻人也有老人，都不搭理他。他开始哭，无论我怎么和他讲，他都不干了，还是今天早上他姐姐陪他去，才勉强拍了几张。经历了昨天的失败，他都不好意思开口，所以作业没完成。对不起田老师，以后我一定会多多锻炼他。谢谢！"

看着这样一段话，我愣住了。尤其是看着男孩的姐姐随后发来的一张张男孩在街头被拒的照片时，我的内心也同家长一样，很不是滋味。但是，我知道，我需要做的，绝不仅仅是抱怨过往行人的冷漠无情！当别人都收获满满的时候，只有他备受挫折，这对他而言，也是一种特殊的成长。我要帮助他通过自己的努力，取得不一样的成功。

我不停地思考着，斟酌如何才能重新激发他在陌生人面前交流的信心。有了！对！就这样！给他布置一个更具挑战性的任务，让他去采访个大腕儿，帮助他找回丢失的自信。

校园里的大腕儿，当然是校长啦！能不能得到校长的帮助呢？我怀着忐忑的心情，给校长发了一个短信："马校好，昨天是世界阅读日，我们班进行了收拾家庭书架、阅读古典名著、上街进行阅读推广等活动。每一位同学都棒棒哒！有位男生运气不好，被好几个陌生人拒绝了，非常伤心。他可不可以明天早晨校会后，来找您推广一下阅读？占用您几分钟时间可以吗？"

没想到，校长很快就答复："当然可以啊！"我们相约在周一早晨见面。

（二）孩子，走——约个大腕儿去采访

第二天，我把男孩叫到我办公室，开门见山地说："听说你昨天在街头推广阅读的时候，遇到了困难？"他点点头，一脸沮丧和无奈。"你愿不愿意把任务补上？"我问，"做一些更难的采访任务，比如，去采访校

长。"他的嘴巴张成大大的 O 型，但似乎并没有多花太多时间胆怯，立刻表示愿意尝试。

周一早晨，我俩带着一个小小的手绘书签来到了校长室。马校长热情地邀请他就座。他显然有些紧张，一股脑地把自己的台词说完了，没有任何停顿。马校长热情地回答了他的问题，并按他的期待，提笔写下读书寄语——"读书是一种美好的生活方式"。

他得到的礼物我都很羡慕！他不仅得到了校长的寄语，而且还得到了校长的赠书。一切都是那么轻松而美好。

（三）艳惊四座——教室内的快乐分享

课上，我让男孩和其他同学分享一下他采访校长的难忘经历。没想到，他完全换了一副面孔，毫不拘谨，潇洒地走上讲台，兴奋地打开了话匣子。

他开篇就讲："其实，我开始时撒了一个谎。当田老师问我敢不敢去采访校长时，我虽然嘴上说敢，但其实心脏都快跳出来了。见到校长后，我讲了一通我周末准备的采访路人的发言。校长人很好，她不仅称赞我，而且还给我了赠书和赠言。"

班上的同学十分羡慕，纷纷捶胸顿足，觉得错失了良机。听说他得到了校长签名，这在孩子们的眼中，不亚于得到了圣旨，孩子们纷纷要求他展示一下。

男孩将写有签名的笔记本铺在投影上，供大家欣赏，然后，斩钉截铁地说："田老师说，这个校长寄语不是给全班的，校长说了这个寄语是给我自己的！"说完，昂首挺胸走回了座位。那可爱的模样，招惹来一大片羡慕嫉妒恨的眼神。

当我看着男孩昂首阔步回到自己的座位上时，也忍不住笑了。对于一个有 37 名学生的班级而言，36 个人取得了成功还不叫真正意义上的成功。如何解决好最后一个学生的问题，才更考验班主任的智慧和情怀。

轻松治班5.0

协同经营，团队建设

QINGSONG ZHIBAN 5.0

>> 班主任孤军作战的思维惯性，是导致班主任工作苦与累的根源。班主任应在第一时间培养团队，培养自身的领导力，让自己成为教师的CEO。

第一节　班主任素质提升策略

一、读好书，以书为媒带团队

我爱书，也喜欢给我尊敬的朋友送书，能够找到书友是一件令人愉快的事情。

一天下午，我在重庆书城看书。四楼教育类图书专区一向是全楼较为冷清的地方，这几排教育类图书书架我都非常熟悉。我转到教育理论类图书书架前，看到三个年轻的女孩正开心地说着什么，时而抄抄写写。

不知道过了多久，我选好了书，看见女孩们还在，仍旧津津有味地抄着。我心想：什么好书，让她们三个都喜欢？我扫了一眼，原来是幼儿园的儿歌和曲谱之类。她们飞快地写着，本子上已经记得密密麻麻。我不忍破坏这种美好和宁静，悄悄把书放回书架，抱着要买的书准备结账。"该有人送她们一本书的。"我心里总挂念着那三个抄书的女孩，心里突然冒出这样一个念头。

我回到四楼，她们果然还在。我按捺住内心的兴奋，故作镇定地凑过去问："请问你们看的是哪本书？"一个女孩很热心地指给我，我把书抽出来一看，是本幼儿园活动资料集，定价30元。

我注意到书分大班和小班，装作外行地问："请问大班、小班哪本更好些？我是送朋友的。""那要看教什么了，我们教小班，就看小班的。"

不费力气就得到了我需要的信息，我拿着书欢天喜地地跑去付款，然后从包里抽出水笔，流畅地在扉页写下"祝你们快乐"。

我再次回到四楼时，兴奋得难以按捺自己的情绪，甚至有些结巴："我，我想把这本书，送给你们三个。"时间似乎停止了，她们惊讶地看着我，谁都没有接。过了几秒钟，一个女孩惊喜地问："你为什么要送书给我们呢？"我竟一时语塞："我也是老师，我教小学。"她们仨欢天喜地地把书接了过去，连声道谢。我转身要走的时候，一个女孩追了上来，问："你可以留个电话号码给我们吗？"……

晚上回到家，我打开手机，有三条信息：

"谢谢你送给我们的书，我们会把所有的爱献给幼儿园的孩子们，再加上你的那份！"

"真的非常非常感谢你，长这么大，第一次有人送给我书，今天我觉得好幸福。"

"好感动，有一种无法言说的感觉，突然发现世界这么美。"

三条信息像是给我的奖赏，让我开心得不得了。而女孩们抄书的身影一直在我的脑海里出现。教育人如果都能像这三个女孩那样，在教育技法上不懈追求，以饱满的热情面对工作，教育的前景真是不可估量。

三个女孩共同给我上了一堂课，一堂有关享受阅读的课。

（一）用阅读来影响自己

学校中存在一种普遍的现象，那就是老师们对专家的讲座或名师的课堂趋之若鹜。听专家讲座、名师讲课固然收效明显，但仍然存在成本过高、机会有限、信息量过少等局限。而读书却是良好的自我培训的方式，不限地点、次数，一本课堂实录可以让你充分领略名家的智慧风采。慢慢读，慢慢悟，这样的小火才能炖出教育的醇香滋味。

读书可以在茶余饭后随时展开。只有不断从书中汲取养分，你才能保证自己的教育思想中有源头活水，实现从匠人型班主任向思想型班主任的蜕变；只有不断从书中汲取养分，你才能有机会与大师对话，了解他们的思想；只有不断用书充实自己，你才能丰富自己的精神内涵，真正走入孩子的心理世界，和孩子的脉搏一起律动。

好读书，更要读好书。教师未必要跟风做激进型的阅读者。看得明白的，现阶段最需要的，能解决当下急需解决的问题的书，就算好书。随着功力的增加，再逐步增加阅读的深度和广度。中国社会科学院的杨义先生在《读书的启示：杨义学术演讲录》一书中提到："读书的设计是一个立体性、动态性的设计。围绕着每个问题、某种原有优势的拓展，既可以在纵向上涉及古今，又可以在不同层面上涉及中外以及诸种学科。知今不知古，就不能厘清事物的原理；知古不至今，就不能了解事物的意义和它运行的曲线；知中不知外，就容易使自己的思维封闭起来；知外不知中，就容易使自己的知识失去根，变得虚浮空泛。古今中外在某一个问题上进行互参，是读书深入以后应该追求的原则。"我想，这应该是教育人读书的共同原则。

（二）用阅读来影响学生

教育人通过读书实现对自我的文化滋养，同时，我们也不能够忘记我们的工作职责。我们应借书的力量来影响我们的学生、家长，借文化的力量实现育人的目的。

说实在话，对于指导学生读书这件事，我很怕家长将满世界的书单照单全收，像买菜一样一买了之。这无疑是把判断权交给了别人，而不去考虑自己家孩子的真实需求。这也算是另外一种不作为。

我建议把挑书的主动权交给孩子，让他们在书店中选择自己喜欢的书带回家。儿童读书也是需要大视野的，班主任千万不要因为自己是语文老师，就把孩子全部培养成"文学青年"，那真的是误人子弟。应该让孩子从小在天文、历史、地理、自然等多个领域中涉猎，为未来的学习搭建一个更加广阔的阅读基础。

指导学生阅读重在交流。如何实现阅读后有效的交流和互动，把静止的知识盘活？我做了一些尝试：晨读时间，我们班有个固定栏目"朝闻天下"，由新闻组的孩子自己选择当日新闻并读给大家，让孩子们足不出户也可以了解国家大事；在黑板的一角，学生每天会推荐好词佳句，一个词一句话，天天积累也能聚沙成塔；午间的"自主 8 分钟"活动给爱好读书的孩子开辟了专门时间，有专讲恐龙的"方博士论坛"，专讲动植物秘密的"小星星趣闻"，这些栏目都特别受学生的欢迎。受到这些小栏目的启发，我将每周的队会课时间也完全放手交给导演组的孩子自主设计方案。队会课包括"好书推荐""热点追踪"等固定版块，大家自导自演，乐在其中。每周末，我们固定的课外阅读作业就是通过谷歌、百度等搜索引擎来查询与下周要学的语文篇目相关的信息。例如，学习《爬山虎的脚》一课，学生们会通过搜索，在海量的信息当中选择阅读与爬山虎相关的内容，实现对文本内容的延伸阅读。

所有这些活动，都紧扣"读书"二字。为什么有的时候会感觉班级文化建设流于形式，流于口号？也许正是因为缺少了文化的底蕴。班级文化建设有了淡淡书香，有了琅琅书声，一定能渐渐沉下来，真正地落地生根。

（三）用阅读来影响家长

用阅读来影响家长并非易事，因为不同的家庭认知水平是有差异的，学校无法提出统一要求。所以，我本着"求同存异"的原则，尊重家长的实际情况，带动我们可以带动的人。

我利用周五家长接孩子的时间做家教书目推荐，也会在一些特定的节日邀请家长走入课堂，共读绘本，共读经典篇目。这些活动促使家长对阅读有了新的认识。

一位在邮电局工作的家长曾对我说："你们的读书活动很有意思，我们的邮票中也有很多知识，我可不可以来讲讲？"我当然满口答应。当周，她制作好了精美的 PPT，以"方寸之间知识无限"为题的讲座让两个班的学生大开眼界。应学生们的强烈要求，她的下一次讲座也即将进行。

一位曾在日本工作八年的新生家长，走入课堂为孩子们讲解日本民俗文化。而且我们达成了新的合作意向，她愿意长期义务地每周日晚教学生们十五分钟日语。

与家长的合作让阅读上升到了一个更广阔的层面，让我逐步感受到，文化的浸润是一种潜在的力量，坚持去做，家长就会慢慢理解老师的教育思想。这样做也许不能马上得到回报，但是会在遥远的空旷的山谷，听到轻轻的美妙的回响。

有一句广告词，很温暖，很有力量，那就是"回到书房，回到心灵的故乡"。

二、交高人，不要忽视身边的师父

想成为班主任中的精英，就要摒弃个人英雄主义的想法，睁大眼睛，搜寻身边的良师益友。

几年前的一个深夜，我刚要关掉电脑，就看到 QQ 上一位刚入职的年轻老师的留言。她因为家校沟通的问题非常痛苦，说"伤心得几乎活不到明天了"。我打起精神，和她聊到凌晨两点多，听她诉说，给她一些工作上的建议，最后她的心情渐渐好起来。这位年轻老师的求助方式，很多时候可能会无法得到回应。我们应充分发掘身边的"高人"，随时随地向其请教，及时解决教学中的困惑。

新手班主任刚接班时常常两眼一抹黑，不知道从哪里下手。为了解决这个问题，包括我们学校在内的很多学校里都开展了师徒结对子的活动，这样的活动比较见实效。所以，如果你的学校没有类似的导师计划，我强烈推荐你寻找一位工作上的导师，让他（她）成为你工作上的顾问。相信你可以从导师那里受益颇多，这将使你的工作更快地步入正轨。

（一）向谁请教

你需要主动寻找，找到一个可以拜师学艺的老师后，虚心请教。

你的导师应该和蔼可亲，容易接近，使你无论有何疑问都能从他（她）那里得到答案。

你的导师应该经验丰富，热衷教育，这样他（她）能给你指引正确的方向。

你的导师应该充满耐心，好为人师。他（她）的人格魅力使他（她）成为很多人学习和观摩的榜样，相信你也可以从他（她）那里受益匪浅。

（二）何时请教

班主任的日常工作非常多，不要在他（她）忙碌的时候追着问，这样他（她）也没有时间给你一个经过深思熟虑的答案。提问可以选在这些时间段：一起吃工作餐时，他（她）连续两节没有课时，下午放学后，预约的时间段……

（三）请教什么

如果你还是一个新手班主任，不妨将问题问得细致些。没有人会嘲笑你，因为大家都经历过同样的过程。当面对烦琐的日常管理工作而感到无从下手的时候，要学会不耻下问。例如：学校的基本情况、政策及规定，学校对工作岗位的基本要求，多媒体的使用方式，特殊家长的接待方式，紧急事件的处理方法，某一项活动的准备步骤、活动进程、注意事项……

如果要问的问题比较多且杂乱，请提前列一张清单，以免遗漏。提问要简洁，直奔主题，不可长篇大论。

同时，向他人提问并不代表你不用思考。要对导师的建议多一些思考，想一想，如果换一种方式，我可以怎么做？相信多问自己一些这样的问题，你一定会有所提高。

在了解了工作的基本流程后你仍需要向你的导师虚心请教，因为在提高班主任工作艺术方面，他也可以助你一臂之力。这时，你的问题需要更有深度。例如，特殊学生的引导，如何策划一次特色活动，怎样和家长深入沟通，怎样赢得学生的爱戴，如何进行心理健康教育……

和导师定时会面并进行有效的提问，会使你逐渐将导师的功力转化为自身的能量，转化为自己的教育智慧。

三、写美文，借教育写作提升教育内功

我曾多次获得过赛课一等奖，如今参赛的教案早已找不到了，只有几张光秃秃的证书摆在那里，诉说着当年的辛苦。在一个老校长的提示下，我才慢慢地学着攒点儿自己的家底，包括学生的成长照片、学生的优秀作文、自己的优秀教案、随笔及个案研究等。

班主任应善于积累，今天貌似无用的材料，明天可能是闪耀着你思想光辉的金子。我积累了三年的全班学生的优秀作文集，竟然在2014年被一个编辑约着出版了；曾经写下的对小孙的个案研究日志，经整理也全文发表了；在人教网班主任研究室回答问题的帖子，也被不同杂志整理发表了。让我们修炼成一个优秀的写手，修炼成一个优秀的摄影师，边走边记录自己的教育历程吧。

（一）记录学生成长故事

许多妈妈喜欢记录孩子成长过程中的点点滴滴，当孩子长大时，字字句句都是美好的回忆。几年前，有位妈妈曾很遗憾地跟我说："自从孩子进了幼儿园，我所了解到的，只是老师口中诸如'纪律很好、认真听讲'。"这么多精彩的生活细节都被尘封在班主任的记忆中，实在是一件憾事。我问自己，能不能写一份孩子们的成长日记，记录这些稚嫩纯真的童年趣事呢？说干就干，我每天抽出几分钟时间在网上写下班级日记，就像一个大家庭中的妈妈，诉说着每个孩子的可爱之处。

网络为原本封闭的班级日记提供了一个开放的舞台。很多学生、家长和网友都被班级成长故事吸引过来了。在欣赏了每个真实的故事后，有点赞的，有哈哈大笑的，有充分肯定的，不一而足。对我而言，这些评论无疑是督促我继续写下去的力量。

"我在教室的讲桌前准备批改作业，请小张到办公室帮我拿支红笔来。不料他却说：'老师，那里有一支。'说完，他迅速钻到讲桌下面，捡起掉落的红笔，并用手帮我擦去了笔上的灰尘。"两年多时间里，像这样纯粹而温暖的儿童成长故事我积累了十余万字。从三年级开始，学生们也加入到记录成长故事的队伍中来。我把他们的故事轮流发表在博客上，成为班级的"网络流动日记"。孩子们这一动笔，便一发不可收拾。几年来，发表文章成了师生的家常便饭。学生们在报纸杂志上发表的作品有两百多篇。其中，小刘同学的作文还荣获了教育部"节约粮食"征文比赛一等奖。

"网络日记"架起师生心与心交流的桥梁。去年寒假，我们班开展了"我是卖报的小行家"活动，学生们去不同的场所推销报纸，然后图文并茂地在博客上"晒"出自己的实践经历和感受。可是，小杨在班级博客的图文日记中却一反常态地写道："一想到要与陌生人交流，我心中就紧张不安。这几天，我玩也玩不好，作业也不想做，心中烦躁不安。我生怕被别人拒绝，真头痛！"发现这一情况后，我特地找到他追问缘由。原来，内向的他一想到和陌生人说话心脏就狂跳不已，小小的推销任务让他的畏难情绪溢于言表。

看着小杨沮丧的样子，我问："这次活动你有没有总结出什么经验呢？"小杨慢条斯理地回忆："样子凶的不要找；走路太匆忙的不要找，因为他们可能急着赶路；两手提满了东西的不要找，因为腾不出手来拿报纸……"内向的他善于察言观色，虽然卖的报纸份数不多，但成功率却蛮高的！在随后的活动总结会上，我推荐小杨作为代表向所有同学分享卖报经验，受到了大家的称赞！

记得，国内一位知名评论家曾在我的博客上留言："小故事很好。这些小故事初读会让人哈哈大笑，多读却可以让人落泪。记下这些故事的人，有天使心。"看到这样的评论，我很惊讶，儿童的故事，竟有这样的力量？我深切地感受到，记录孩子的成长，记录属于教育的这份纯真的快乐，正是教育的幸福所在。这些来自家长和网友的评论，给了我前行的勇气和能量。

无数个夜晚，我在电脑前书写博客成长故事，记录学生的成长历程，这成为令我很享受的工作习惯。从记录成长故事，到记录对教育教学过程的深度反思，借助博客这个网络日记本，我和学生一起在写作的道路上且行且思，渐行渐远。

（二）记录教育教学反思

叶圣陶先生曾说，先有生活，后有写作；先有经验，后有写作；先有情感，后有写作。在记录学生成长故事的同时，进行教育教学反思，也是我写作的主要方向。

很多教育事件，如果不能写清楚，就说明自己没有想清楚。你可能和我一样，常常会有自我感觉高妙的做法，事情处理完了之后还暗暗自鸣得意。那就及时记录下来，留住自己的精彩瞬间，和别人分享自己的成功经验。还要记得问问自己：还有没有更好的解决办法？怎样做才更科学？班主任要将自己的真实故事记下来，记录的过程，同时也是一个不断修炼德育内功的过程。

1. 记所失，汲取教训，弥补不足

我的朋友小陈老师的一篇题为"有关检查练习册的反思"的文章很有代表性。她在文中这样写道："今天，学校检查练习册，发现我在批改时有好几处错误，我心里很难受。我其实也一直在劝自己，批改八十多份作业出错是难免的，可心里还是很失落。我一直在和自己说，要认真，不能因为自己马虎而出错……我以后会更加严格地要求自己！"这篇反思情真意切，但是显然少了更进一步的思考：怎样才能提高批改作业的正确率？

2. 记所乐，乐在其中，回味无穷

当班主任是很快乐的，天天跟一群小家伙在一起，虽然吵闹，但是总让你不由得保持一颗童心和一脸灿烂的笑容。今天一位小朋友闹了个可爱的笑话，明天一位小朋友有一句精彩的发言，班主任们常常会在办公室中分享自己的快乐。快乐是容易遗忘的，动笔记录下这些熠熠生辉的小事情，留住你工作中的快乐和美好的回忆。

3. 记所悔，悔在心中，改在行动

哪有在教育生涯中不留遗憾的老师呢？面对遗憾，我们不需要背负道德的十字架，但是也一定不要忘记，教育的本质是在不断的校对中去维护真正的公平。

（三）出版个人专著

常有老师问我："你主编或参与编写了这么多书，能不能讲讲你的出书历程？"我想和大家分享一个小故事，希望对你有所启发。

2004 年春天，看到我爱人的毕业论文，我也蠢蠢欲动，把自己几学期下来积累的评语，打印装订成册。没想到这本小册子在同事当中很有市场，他们在期末写评语的时候，纷纷拿去借鉴。有同事提议，还需要增加一些评语素材，分一下类便于查询。我就继续修改，稿子就这样一点点厚起来。

暑假时，我突发奇想，能不能为我的书稿找到一个出版社呢？114 查号台的小姐给了我两个出版社——大象出版社和文心出版社的电话号码。

后来，我接到了编辑的电话，得到了出书的机会。我现在想起整个过程，都笑意满怀。

2006 年 6 月 6 日，我期待已久的《小学生激励性评语 600 例》终于出版了。记得我曾经在笔记本上写下"心有多大，舞台就有多大"。只要我们不断努力，机遇常常会在不经意间敲开我们的门。

教育工作者需要不断地反思，不断地改进，不断地积累，否则经验永远处于零散的、缺乏整理和提升的状态。我们在学习他人经验的时候，常常会有这样的感受：其他人的教学方法、教学策略，自己也使用过，但没有转化成文字，缺乏总结和提升。改变的办法就是及时地记录，将你的行动转变成一笔宝贵的财富，转化成一种学习资源。

记录是我们教育工作者专业成长的重要手段，是一种必不可少的专业习惯。既然拥有了它，今生我就不准备再放开这支为教育服务的笔。教师应该做一个写作者，将写作作为终生的职业习惯。

第二节　师生服务团队建设策略

一、建设学生团队公共服务岗

在巴蜀小学，有一句话师生们都很熟悉："给空间就是给发展。"设立班干部岗位不仅是为了班级管理工作的便利，更重要的是让更多的孩子得到不同程度的发展。除了传统任用制和班干竞选制，你有没有想过以更开放的状态，把所有的班干部岗位都设为班级的公共服务岗？

受学校教师团队公共服务岗位的启发，我把班级里的所有服务岗位都冠以趣味性十足的名字，变成了班级公共服务岗。师生一起制定好每个岗位的职责后，每个学生都能参与，定期轮岗。学生不仅可以按照招募榜上的岗位自主申报，还可以根据个人特长和喜好补充志愿。学生从以前争着当"班官"，到现在争着去当"服务员"。每个学期开始时，学生还可以根据自己的个性特点，自主申报一份兼职工作，从擦黑板这样的体力活，到接待外宾、制作 PPT 这样的专业活，只要你喜欢，都可以参与。

学生干部从以前的"能管理"到现在的"会服务"，显著提高了服务质量。利用每周午间的"自主 8 分钟"，学生们轮流介绍自己的岗位经验，对其他同学进行培训，保证每个岗位都后继有人。2013 年 9 月，班上新来了一位叫小王的男同学，初来乍到的他结合自己会做 PPT 的特长，申报了我们的信息技术服务岗。不久，他还做起了班级记者，参与重要活动的拍摄、制作简报等工作，忙得不亦乐乎。第一期电子班刊《淘智堂》问世后，全体师生及家长均惊叹不已。小王在老师们的鼓励下，又招募了自己的小团队成员，成立了班级活动的宣传社团，负责为大家及时反馈班级活动的鲜活现场，惹得家长们纷纷在微信朋友圈中点赞。他也顺理成章成为了我们班第一批"公共服务明星"。在领奖当天，他激动地告诉我：

"老师，我是人气最旺的服务明星。大家都觉得我的电子杂志做得好。我长大了要自己开一家杂志社！"

二、建设跨学科共育团队

许多班主任虽然工作程序很熟练，却常常感觉筋疲力尽，有时甚至将80%的有效时间耗在了20%的学生身上而无法自拔。班主任要学会借力，以自身为核心，带动科任教师团队形成互助合作的班级经营联盟，形成校内合力。

（一）由一次教研沙龙引发的思考

在一次教研沙龙中，有位颇有资历的老班主任提到一件让她感慨万分的事情：自学生一年级入校起，她就宣布了一项有关文明用语的纪律，要求学生提出如厕请求时，必须问："老师，请问我可不可以去洗手间？"而不能用方言中的不雅说法。这样看似简单的要求，在学生升至三年级时，仍然会有人忘记。是班主任没有坚持要求吗？不。这位班主任不断提出要求，但收效却不明显。她苦恼地向大家求助。经过追问，我们发现问题的根源在于班主任的规定仅仅停留在个人要求层面上，并未告知学科教师，这使学生在执行规则时会因人而异，忘记规则也在所难免。

与之形成鲜明对比的是一位刚上岗两年的青年班主任分享的经验。这位年轻的班主任在班上设置了一面红花墙，每位学生都有独立的评比专区。班主任开学初就逐一通知了每位学科教师："咱们班设计了一面红花墙，课上如果有需要表扬的孩子，请奖励给他一朵小红花。"虽然红花墙这样的设置并不新鲜，但这样跨学科联动的方式，大大改变了同一教室内各学科教师各行其是的状况。

两位老师，两个问题，鲜明的对比引发了我们的深思。怎样改变学科教师各行其是的状况，促进学科教师形成教育合力呢？毫无疑问，这需要班主任转变工作方式。我们学校以问题为导引，对不同班主任的工作经验进行深入调研，总结出了包括"每日楼层碰头会、每周项目式学习、每月文化墙设计、每期综合性评价"等内容的跨学科共育机制,系统实施,整体推进,一改班主任单兵作战的状态,在"建设跨学科共育团队,形成全科育人合力"这一研究课题中取得了初步成效。

(二)以时间为序列的班级共育机制

1. 每天楼层碰头会,有难题一起解决

以往,各学科在课堂管理评价上各行其是,学生在不同的课堂规则间游走,这无疑加重了学生的负担。在学期初的楼层碰头会上,班主任组织学科教师召开"制定公共管理规则"班务研究会,共同商定班级重点关注方向,共同设计"行为习惯关注表"。由以前各用各的规则,到现在执行同样的规则,学科教师心往一处想,劲往一处使,学生熟悉规则的时间减少了,在同一套规则系统中开展学习活动更容易形成良好的学习习惯。

班主任应在每天的大课间主动召集学科教师召开楼层碰头会,互相通报学科教学情况。班主任不必强求人人到场,但到会一定要发言,三言两语即可,态度务必中肯。学科教师对班级中出现的亮点要及时点赞,班主任适时表扬全班;班主任若发现问题要告知所有学科教师,在课堂上共同关注;棘手的问题大家出谋划策,共商解决策略。楼层碰头会像一根小小的引线,牵动着班主任和学科教师的心。

2. 每周项目式学习,有活动一起参与

班主任可以借助不同学科教师的力量,通过每周的项目式学习,开展跨学科的横向的综合实践活动,这对于培养学生的综合素质是一个事半功倍的做法。班主任可以带领学科教师,共同研究各学科的课程进度,寻找内容的契合点,共同设计有趣味的学科跨界实践活动,激发学生的学习热情。

三年级科学教材中有关于"豆芽生长的秘密"的内容,科学老师在课堂上带领孩子们尝试做小豆芽生长的实验,了解根生长的秘密。充满趣味的小实验让孩子们意犹未尽。班主任借着这样的学情基础,继续带领学

生进行深入研究。学生们把生豆芽的器皿在窗台上一字排开，班级"生豆芽大赛"正式开始！学生不仅运用科学老师所教的方法来泡豆子，还使用语文老师提示的"比一比，闻一闻，量一量"等方式来观察豆芽。同学们分别亮出自己的豆芽，比一比谁的豆芽个头最高，谁的豆芽长得最粗，谁的豆芽长得最"铁"，迟迟不肯发芽……"生豆芽大赛"既是对科学课上所学知识的巩固和补充，又为学生随后在语文课上"写一则观察日记"提供了有趣的素材。

班主任和英语老师联手进行的"中西方节日比较"项目研究，也是以班主任为核心，学科携手开展研究的良好例证。在刚刚结束的"南瓜灯"项目学习中，班主任和英语老师没有向学生讲授具体的制作南瓜灯的方法，而是让学生带着问题去了解万圣节。例如，万圣节的来历，与中国的清明节的比较，如何评价中西方节日的相似点与不同点等。学生在撰写小论文之余，查询了解了南瓜灯的制作方法。孩子们带回学校的成果不仅是一个个造型各异的南瓜灯，还有对中西方节日文化进行比较的小论文，在动脑动手享受趣味的同时，提升了综合素养。

3. 每月设计文化墙，有平台百花齐放

在我们学校，班主任为各学科教师均留出了展示学科成果的阵地，这种做法十分受学科教师的欢迎。为了装饰好所教学科的空间，学科教师一改上完课就走的习惯，常常主动驻足教室，思考如何让文化墙的内容设计更加贴合学生的需求，如何把这一块小小的"自留地"建设好。

二年级的班主任们和体育老师通过共同论证，确定了"关注学生体能健康"的班务工作目标。体育老师负责设计一张包含全班同学姓名的统计图，每周孩子们会把体育锻炼的最好成绩记录下来，在全班体能统计图上描绘自己的成长路线。这既能让学生展示个人成绩，又能让学生在互相参考中学习进步。同时，班主任和体育老师每月第一周共同检查学生的视力，并将结果整理成表格贴在墙上，接受大家的监督。通过对学生体质健康水平的连续测查和过程监督，提升了学生对体育的重视程度，加强了学生体育锻炼的意识。

美术老师是装饰教室空间的专业人才。他们给文化墙外墙的边缘装上了五颜六色的小风车，走廊中一有孩子跑过，一墙的小风车都在呼啦啦地转动，文化墙俨然成了一幅会动的画。

数学教师在墙上开辟了"思维体操世界杯"栏目。每周一张榜贴出"悬赏帖"，出一道重量级的益智题目，学生可以小组合作，也可以自己查询资料。完成的学生可以随时向老师汇报，等待周五宣布答案后开奖。这个栏目一经推出，课间休息时"悬赏帖"前常常人头攒动呢！

4. 每期"期末评价会"，有团队全面关照

传统的期末评语，多来自班主任的个人智慧，不免受个人视角的局限，让评语成为班主任的一言堂。

班主任不妨带动学科教师分头记录学生在各学科课堂上的表现。到了期末，这些素材摇身一变，就成为期末专题评价会上总结回顾学生表现的基本素材。将能展现每个孩子亮点的案例梳理成评语，可以有效改变班主任"评语一言堂"的状况，例如这段评语："音乐老师告诉我，你是能够照顾集体的小小指挥家，不仅指挥动作潇洒到位，还能够关注到校乐队中每种乐器的演奏效果，灵敏的耳朵能够准确捕捉到杂音，真是令人赞叹！你还是个善于发现问题、乐意帮助别人的小雷锋，当起数学老师来有模有样，耐心十足。美中不足的是你龙飞凤舞的字体，让几位老师批改作业时都有些吃力哦！祝愿我们的小指挥家，新的学期'棒'走龙蛇，'笔'下稳重，走稳学习生活中的每一步！"

在期末评价会上，班主任要改变"一言堂"，变为学科教师共同评价，共同商定期末综合奖项和个人奖项的评比结果，有效避免期末发奖的随意性。这样一个小小的改变，可以让学生在阶段性评价中受到更多层面的关注，同时提高了学科老师在班级建设中的主人翁意识，为创建人人共育的团队凝聚了人气。

建设以班主任为核心的跨学科共育团队，可以有效改变班主任在班级管理工作中一肩挑的状态，调动起每位学科教师参与班级建设的积极性，更好地为每一位学生服务。

三、谈话费力收效差，怎么提高沟通的有效性

班主任有时不得不占用80%的时间来处理5%的学生问题。谈话费力收效差，班主任不免心生烦恼。沟通不畅怎么办？沟不通，也要沟！怎样改变这种见招拆招、被动应战的状态？

关键点1：不再大包大揽，树立边界意识

班主任有恒心解决问题，即使打持久战也要转变孩子，这样的耐心无可厚非。我们面对复杂的学生问题时，如果始终坚守着这样一份执着，总是希望家长、学生对自己言听计从，总是希望第一时间内解决问题，就很容易把自己逼出内伤。过于执着就容易暴露出掌控欲过强、处理事情过于急切、对话沟通过于犀利等问题，反而不利于事态的发展。

很多学生问题，夹杂着社会问题和家庭问题，比预想中要复杂很多，我们已经无法完全依靠自己的能量来解决问题。班主任要有一定的边界意识。

不久前，一位年轻的班主任老师在微信上提出这样的一个学生问题：班上有位男同学成绩非常优异，可从这个学期开学起退步很严重。最近和家长聊天才得知，他的父母在寒假里离婚了，现在男孩一直跟着爸爸和后妈生活……孩子在和老师聊天时哭得很伤心。老师非常想帮助这个无助的孩子，却一时不知从何下手。

这是掺杂着家庭问题的一个普通的学生案例。无论老师多么热心和诚心，都首先要清楚地认识到，教师在面对复杂的家庭问题时，难免会鞭长莫及。

我们能做的，是劝慰学生不要一味沉溺于悲伤，并找学生父亲单独对话，提出具体建议，共同帮助孩子重新找到激活生活热情的点。教师在这个时候不要去"揭伤疤"，要比学生更善于遗忘，同时允许孩子在遇到家庭危机的时候，有一个过渡阶段。教师不必过度插手，放手让孩子独自去迎接这种转变。请相信，孩子的自我适应能力有时是超出我们的预料的。

关键点2：改变短平快"断案"，树立聆听意识

印度哲学家克里希那穆提曾在《一生的学习》一书中提到，不加任何评价的倾听，才是真正的聆听。

当我看到这句话时，心头忍不住为之一动，如果按照这样的标准，我们很多时候都没有倾听孩子。班主任在处理学生问题时，很多时候都囿于时间上的限制，匆忙地说："你们都不要说了，我来说!"……随后，不容学生辩解，就粗暴地把自己的意见覆盖在学生意欲申辩的泪眼之上了。

令人痛心的学生自杀案件层出不穷，社会人士不断质疑：现在的学生为什么精神这么脆弱？有时候，我忍不住思考，到底是什么成为压垮学生神经的力量？也许是简单生硬的师生沟通、生生沟通，让孩子觉得无处辩解，无处倾诉，失去了对人生最后的信心。

我姑且大胆地猜想，也许我们从教的这些年，错误地断过不少案子。要改变这种快判快错的状态，靠什么？靠班主任真正的聆听。

基于这样的思考，班主任不妨也去做一些倾听的练习。专心致志地听孩子表达，以孩子为中心，不去评判，或者延迟你的评判，让孩子自由地充分地表达自己的所思所想。让你所听和所看的东西，最大限度地回归真实。你会发现，此时所获取的信息和威逼之下孩子表达的内容是有差异的。

不仅如此，老师还要善于从身体语言中发现孩子的真实心理需求，也许一个眼神、一声叹息、一次不经意间的目光回避，都能让你看出学生的内心世界。记得我刚刚走上工作岗位的时候，总是羡慕有经验的老教师能够清楚地辨别学生是否真正着急如厕。她告诉我，这需要你在听孩子说的同时，还要多多地仔细观察，自然就会发现差异。

解决学生问题，宁等三分，不抢一秒，不要总是赶时间。耐心观察，真诚聆听，站在善意的角度思考问题，班主任自然就有了解决问题的智慧。

关键点3：改变明辨是非的惯性，树立长远育人的意识

教师不是法官，绝对化的"辨别是非型"断案，仍然处在师生沟通

的初级阶段。教师在辨别是非的基础上，要有长远育人的意识。随随便便地"一竿子打死"或"给孩子贴标签"，对于孩子的长远发展而言，无疑都是一种糟糕的软暴力。

例如，令人抓狂的"顺手牵羊"行为，常常容易点燃班主任心头的焦虑。我们会皱着眉头担心这种行为是否会带坏了班风。种种类似的念头，让这类事情一出现，便引起班主任的高度重视。短平快的处理方式，看似立竿见影，但究竟有多大的实效，还有待商榷。

班主任抱着这样的心态，力求第一时间解决问题、平息事态，这常常使得"恐吓"和"逼供"成为解决此类问题的常规手段。操之过急的"审讯"，常常成了点燃事态的火药桶，将事情的负面影响扩大。

班主任要善于放一放，让气愤的心情平静下来，斟酌筛选解决问题的策略，再去和目标学生沟通。班主任在面对各种复杂问题时，未必都要以案件的真相大白为最终目的。我们是做教育，不是当法官，我们的职业更像是医生，以帮助孩子获得良好发展为目标。不要把学生从错路逼上绝路。用微笑的目光陪伴孩子成长，不要时常对着学生戴上有色眼镜。

关键点4：改变一刀切的惯性，学会换位思考

班主任要相信儿童每一个看似匪夷所思的行动背后，都有一个正当的理由。

我们不免要提出一个老词，那就是"换位思考"，在这里我想给它加一个注脚，那就是尽可能地对他人的行为做出善意的解释，替孩子、替家长的行为寻找理由。

以"学生不能按时完成作业"为例，班主任在沟通的时候盲目指责学生态度不好，不能按时完成作业，其实是没有直指要害的。事实上，学生不能按时完成作业的理由是多种多样的：有的学生因为当天学的内容没有掌握，因此不能按时完成作业；有的学生因为在家边吃边玩边写作业，因此没有完成作业；有的孩子跟着父母一起出去应酬，晚上没能按时完成作业……

一个简简单单的不能按时完成作业的问题，都有着多种多样的理由，

针对每一种具体的理由来沟通，会显著提高沟通效率。

在沟通的过程中，班主任应不断观察和调试自己的状态，增加对学生的柔性关注，磨炼耐性，总结技巧，提高沟通本领。

不要抱怨教育中沟通的困难多。我们的教育智慧，大抵都是在这种克服困难的过程中，如山花般迅猛地生长开来的。

第三节　家长团队建设策略

一、不同类型家长的相处之道

班主任需要具备与不同性格特点的人沟通的能力。班主任在与性格迥异的家长对话时，要能够游刃有余，从从容容，把握不同家长的脉搏，营建和而不同的交流氛围。

中国有句老话"人上一百，形形色色"。用这句俗语用来形容家长群体的性格特点一点儿也不为过。让我们试着分析一些家长的性格特点，借以寻找适合的沟通方式。

（一）科学民主型

无论你在什么样的学校，在你的班上总能找出几位这样的家长：父母二人文化素养较高，但从来不以家教专家自居，每次和老师见面时总是非常虚心地询问孩子最近有哪些不足，聆听老师给他们的建议。学校对家长提出的任务，家长总能高品质地完成。

和这类家长沟通基本上是没有障碍的。你大可提出心中真实的想法，说出孩子的不足之处，你甚至可以直截了当地提出对家庭教育的要求。班主任要善于帮助此类家长发现学生新的发展空间，并提供有效建议。同时，聊天时也要多听听他们的家教方式，将其中有特色的内容拿到家长会上推广，树立典型，可以在班上起到良好的示范引领作用，带动更多的家庭。这些家长应该成为班级里的正能量。

（二）溺爱放纵型

周五下午，又到了家长接学生回家的时间，老师正忙着和几个平时表现不算理想的学生对话。家长刚刚听完老师的一席话，试图当着老师的面教育孩子几句。谁知孩子突然放声大哭，冲着家长乱吼乱叫，甚至摔门而出。家长一脸无奈，似乎已经习惯了孩子的这种表现。孩子有这种表现并不是偶然的，家长一贯的溺爱放纵，是造成孩子有此种表现的根本原因。

这类家长容易偏听偏信孩子一方的言论。如果遇到必须要家庭协助的事情时，你需要褒奖和指导并行。首先要充分肯定孩子的长处，在充分列举事实的前提下，指出孩子需要改正的地方，耐心、热情地说服家长，告诉家长怎样做才是更科学的教育方式。直接指责是很难让他们心服口服的，摆事实讲道理是更稳妥的方法。

（三）放任自流型

放任自流型的家长一般对孩子的学业满意度比较高。他们常以"文化水平不高""工作非常忙"等为由，把孩子送到学校后不管不问。如果你试图带动他们开展家庭教育，他们张嘴就是"老师，我只是小学毕业……"

这类家长最突出的弱点，就是他们从来没期望自己的孩子在学业上取得成功。班主任要通过在学生身上寻找亮点，让家长充分感受到惊喜，看到成功的希望，然后才能产生憧憬，配合学校，促进孩子的健康成长。反之，如果你直接提出孩子的缺点，不停地冲着他们唠叨，且没有提供非常具体的建议，那么说多少次都是白说。

（四）期望过高型

入学时，曾有位家长告诉我，她的孩子立志要到中科院当院士。过了几天，她又发现孩子在书法方面非常有天赋，语言表达能力也非常强，又希望孩子学习书法、表演。总之，家长觉得孩子未来一定能出人头地。但遗憾的是，孩子并没有表现出过人的天赋：20 以内的加减法做起来慢极了，妈妈要求练习的钢琴曲目总是弹不熟练，主持也不能够潇洒流畅。这一切似乎和妈妈的期望相差很远。

这类家长总是对孩子充满期待，希望把孩子培养成杰出人才。这本来也无可厚非。但是如果不脚踏实地，做法与孩子的年龄特点和自身特点脱节，只顾盲目地按照自己的理想来要求孩子，就是错位的家庭教育。班主任与这样的家长交流的时候，很容易出现问题。老师觉得家长不切实际，家长觉得老师误人子弟，然后互相批评和指责。面对这样的家长，班主任可以在家长会上旁敲侧击，在面谈时曲径通幽，慢慢地引导他们朝着理想目标务实地走好每一步。

（五）经济杠杆型

"写完作业，奖五十"，"考完有进步，奖一百"，"周五得到老师一个表扬，周末奖励去游乐场玩一整天"……有的家长不停地向孩子发布各类金钱奖励政策，期待靠钱来调动孩子的积极性，却很少关注孩子的精神需求。

家长长期以金钱作为孩子学习的动力，会导致孩子离了钱就不动了。这时，孩子会觉得学校里的学业生活是一种负累。班主任不要急于让家长一下子彻底改变奖励方式。家校交流的时候，要慢慢帮助家长放弃金钱奖励，让他们认识到真正的动力应该来自学生的内心，来自对学业的爱和兴趣。同时，班主任还要向家长传授方法，让其了解还有哪些方式能调动孩子的积极性。

（六）全面移交型

"老师，我的孩子就全交给您了。"开学见面时，这类家长常非常热情地和你交流，让人觉得他十分真诚，但一个学期下来你根本见不到他们的踪影。他们或长期在外地工作，或是单亲父母，或是生意缠身，无暇照顾孩子。

和这类家长交流的时候，班主任要多布置具体的任务，通过不同的形式把他们带回到孩子的身边。例如，学生背诵时签字、参加家长开放日等，为他们教育孩子提出具体的、切合实际的要求。家长用心不用心，全看班主任如何与家长交流了。

（七）机械管理型

这类家长非常愿意为孩子的教育付出努力，但是到头来似乎没有见到多少成效。问题的根源常常在于方法不当。家长常常一厢情愿，用自己觉得有效的办法来教孩子。例如，觉得孩子生字掌握得不好，就每个周末都让孩子从早到晚一行一行机械地抄写，反反复复地读，浪费了很多时间，却没有收到成效。

这类家长的责任心是令人敬佩的，他们和千千万万望子成龙的父母一样，愿意抽出时间陪伴和帮助孩子。班主任在和这类家长交流的时候，要充分肯定他们付出的努力，同时，要充分施展自身的专业能力，向他们推荐一些有效的方法，帮助他们寻找问题的根源。

（八）碎碎念型

如果有机会听听这类家长和孩子之间的交流，你就会发现好像在看相声表演，家长是逗哏，孩子是捧哏，在大部分的时间里，孩子都在随声附和，家长自己说尽兴了就放过孩子。至于说的管用不管用，有没有实际效果，家长却从来没有想过。

这类家长特别健谈，但他们却没有发现，之所以他们的话在孩子面前不管用，就是因为他们说得太多了。家长为了告诉你她教育孩子有多辛苦，可以从外婆从小带她的故事开始谈起，常常聊了一个小时，你都很难理清她想要表达的主要内容。他们的孩子常常在唠叨声中被磨成了"铁耳朵"，特别有忍耐力。班主任在和这类家长交流的时候，要有时间观念，首先要告诉对方你一会还有事情，限时聊；然后要问清对方主要想表达的意思，问清他需要你协助的地方，给予简洁实用的答复就及时结束。

（九）粗暴严厉型

一脚把孩子踹倒在地，就是这类家长在听了班主任"告状"后的第一反应。班主任本来打算和家长交流孩子的状况，结果却变成了劝架会。老师忙着劝家长消消气，家长却忙着抱怨他有多辛苦和这个孩子有多不听话，见面交流没有起到任何效果。

面对这类家长，班主任不要气势汹汹地告黑状，这会给孩子造成皮肉之苦。表面上看这样做似乎是出了老师心头的气，但试想，明天又出现了同样的情况怎么办呢？还是要慢慢将家长劝回到科学家教的道路上来，让其逐步改变对孩子的惩戒方式。班主任可以靠家长的威严来借威震慑，但是不可以操之过急，否则会适得其反，出现极端事件。

（十）多元复合型

这类家长的特点就是没特点。心情好时讲科学民主，心情不好时唠唠叨叨，心情烦闷时就对孩子暴力相向。这种家长常令班主任捉摸不透。

和这类家长打交道时，班主任要保持稳定的语言状态，找准要点，坚守理念，灵活应对。

家长其实是最容易受到伤害的人群，我们无意中的指责或评价，那些以"为了你好"做幌子的泄私愤式的批评，常常会直接影响到对方短期的情绪，甚至造成长久影响。无论面对什么样的家长，我们都先要尊重他们，再加以引导。

所有的家长都与老师有一个共同点，那就是所做的一切都是为了孩子好。从这个角度出发，我们就能找到家校交流的共同话语。班主任要针对不同家长的特点，利用自身的教育能力为他们提供有效的家教方式，带动更多的家庭用科学的方法来养育孩子。班主任要主动，要因时、因事、因人而异，当好家长的参谋，调动家长的积极性，相信一定会实现最佳的教育效果。

二、互相学习，教师和家长能聊这些事儿

孩子是把家长和教师联系到一起的纽带，从这个角度来说，教师和家长是比肩而行的教育同路人。聚焦同一个目标，同路，同方向，这决定了家长和教师必须平等牵手。那么，教师和家长应该怎样互相学习才能更好地携手同行呢？

（一）教师向家长学什么

过去，教师常常习惯于对家长提要求。天天呼来喝去的命令式的带动，使教师很容易忘记，家庭才是教育孩子的第一阵地。家长倾尽多年之力，将一个个健健康康的孩子送到你的班上。从这个角度来说，家庭对孩子的教育历程更持久，更深入。无论家庭教育中存在多大的差异，家庭的教育细节中仍有很多值得教师学习的地方。

教师应该向家长学习，除了关注分数以外，还要以更宽广的视野去实现对孩子的全面关照。家长是陪伴孩子成长的第一任全科教师，同时又是贴心的营养顾问，尽职的保健医生、服装设计师、心理顾问……家长在养育孩子的过程中扮演着多个角色。班主任要学习家长全方位关注孩子的发展，做孩子学校生活里的家长，你会发现除了学科教学，值得关注的东西还有很多很多。

教师得向家长学习真正接纳每个孩子的全部，而非仅仅关注他的学科成绩。向家长学习在任何状况下都对孩子不放弃，不抛弃。即使被孩子各类调皮捣蛋的行为激怒，也仍然不改 100% 爱他（她）的心。

教师还得向家长学习用真情带动对学生的激励性评价。虽然很多家长爱把自己的孩子与别人家的小孩儿做比较，但比来比去，还是觉得自家孩子有许多可取之处。家长拥有多把尺子，能够多角度欣赏孩子，家长还能够充分激励孩子。他们总能因为孩子一点点微不足道的进步而欣喜不已。相比之下，教师衡量孩子的"尺子"却常围绕学科成绩，显得单调和乏味。

教师要珍视家长的付出。家长都是学校教育不折不扣的支持者，执行着我们各类高级的或不高级的指令，是他们支撑起了学生的学业成长。教师要向家长学习，在发现家庭教育亮点的同时，更要懂得盘活亮点，用一个家庭成功的经验，带动更多家庭取得成功。

（二）家长向教师学什么

毫无疑问，家长也应该向教师学习。随着时代的发展，家长的学历高了，观念新了，观点明了，人人都可以针对中小学教育谈上几句，容易对学校教育产生抵触情绪。甚至，随着家长维权意识的增强，把学校当服务机构的也大有人在。家长不把教师当先生，反把教师当作服务员，学生哪里可能获得成功？

家长要跟着孩子学习的步伐，向教师请教专业知识。无论学历多高的家长，都要带着空杯的心态，去面对义务教育阶段的学习内容。以小学一年级语文为例，"'d'的第二笔笔画名称是什么？""'方'的第三笔是什么？"……如果家长对这样简简单单的问题都倍感困惑，就说明家长需要常向教师请教，和孩子一起共同成长。为什么要向教师学？原因很简单，只有学习，家长才能和孩子对话，才有继续当好家庭教师的资格。

家长要向教师学习科学解决教育小烦恼的智慧。经验丰富的教师已积累了丰富的经验，面对各种问题有多种办法。家长可以学习，轮番使用，一招不行还有一招，在不断调试中寻找最合适的对策。让家长感到备受困扰的家庭问题，教师有许多行之有效的对策。尽管教师不是万事通，但家长和教师商量着做，总比自己一条道走到黑要好。

家长还要向教师学习更新教育观念。按照自己童年时代接受教育的方式去教育孩子，是注定要失败的。教育要有一定的超前意识，与时俱进，顺应潮流，才能让孩子们更加适应未来的生活。因此，家长要向教师学习，不断跟随时代的步伐，更新观念。

希望教师和家长相互扶持，彼此滋养，相互欣赏、学习，一起勾画新时代家校关系的蓝图。

三、还在孤军奋战？班主任不妨这样用家长

班主任如何改变工作中单兵作战的状态，逐步带动更多家长参与到班级建设中来呢？班主任不妨尝试根据不同家长的特质，分类引入家长资源，吸纳更多的家长力量参与到班级建设中来。

我们首先聊的是，班主任如何精心物色、主动邀约，把有职业特色、有表达能力的家长，吸引到课程建设中来。

记得我刚把女儿送到幼儿园时，得到的第一份家长义工岗位就是给班上所有同学当故事妈妈。显然，幼儿园老师这样安排任务，就是在用我所长，服务大家。同理，"用人所长"也是班主任吸纳家长资源的不二法则。只有这样，才能保证最大化地发挥家长的专业能力，同时避免给家长的工作带来困扰。

带动家长参与课程建设，不宜操之过急，急于带动全体家长是不现实的。要从班主任最熟悉的家长开始，从最容易沟通的家长开始。可以选择最愿意表现自己、口头表达能力较强、职业有一定特色的家长。班主任不妨与家长面谈，诚意邀约，这样才能请得来，用得好。

同时要注意的是，班主任要拿出指导学困生的耐心，拿出鼓励幼儿学步时的热情，做好接纳家长失败的思想准备，不要对第一位家长的课堂质量有过高的要求。只要家长敢于参与，有一定准备，班主任就应该充分地肯定，大张旗鼓地在家长会和各种公开场合赞扬他们，以便形成更大的影响力，吸引更多的家长参与。

家长课程1.0版：行业故事课

2006年5月，我开始尝试邀请家长中的行业精英来我们班级做义工，为学生讲述各行各业的精彩故事。家长通过讲故事，剖析不同行业的社会价值，让学生详细了解了各行各业工作中的酸甜苦辣，规划自己的人生理想。

记得我第一次约请的是来自《重庆时报》的记者朱晓强。实际上，他不是家长，而是我的朋友。经过反复沟通，我帮他选定了几个从不同侧面展现记者职业酸甜苦辣的故事。我邀请他轻轻松松上讲台，大胆开课，讲述工作中平平常常的小事，呈现记者职业的本来面貌。

在最初的一个学期里，我们请来了网络主管、建筑工程师、漫画杂志主编等各界成功人士，为家长行业故事的特色课程注入了新鲜的血液。家长们以饱满的热情来到学校和孩子们亲切交流，让孩子们对不同行业有了初步的接触。

最朴素的课常常也是最精彩的。家长讲师的入驻，引爆了孩子们听行业故事的热情。每一次讲座，听众都在不断增长，从一个班三四十位同学当听众，到邻班孩子常常来"搭车"听课，发展到后来的全年级大课。

家长课程2.0版：职业实习课

在用"讲授式教学"的方式做了十多期行业故事课后，办公室的同事在讨论时提出：除了通过听故事的方式了解各个职业，我们能不能让学生尝试职业实习或者进行"职业日"活动？

办公室同事群策群力，一起设计了这样的职业实习课堂：一位专业的厨师爸爸为孩子们带来了一组美食，吊足了孩子们的胃口。随后他又向大家秀出了自己的厨师才艺，一个西红柿在十几秒钟内被他的旋转刀法削成了一朵火红的花，短短十几分钟后就又被雕刻成了一个果篮。孩子们在听了他的详细讲解后，马上回到班上去制作果盘。虽然学生的手艺稚气十足，但是这个过程中他们兴奋的劲头岂是学校课堂能比的？

家长课程3.0版：互动交流课

很多时候，借助家长的专业资源，针对具体问题对学生进行专业化的引导，也会取得意想不到的效果。

四年级时学生在学完《田园机器人》这篇课文后，思维总是不能跳出机器人的圈子，仿佛未来的世界就是机器人的世界和海洋。我邀请重庆大学仿人智能控制方面的博士来给孩子讲科学家对未来世界的构想，打开了孩子们想象力的大门。

当不少孩子对漫画痴迷到废寝忘食的时候，我约请了《漫天下》杂志时任主编齐子女士来给孩子们开漫画专题讲座。她和孩子们一起画同题漫画，和孩子做深入的沟通，让孩子在思想上产生很大转变。

有的班主任会问，如果我的身边没有这么多高大上的资源，该怎么办呢？要相信，身边每一个看似普通的资源，都有着它独特的价值，关键在于班主任的洞察能力以及调配资源的能力。

我参加工作后不久，曾在学校附近巧遇一位卖龙须酥的老爷爷。老爷爷虽年过花甲，摊点却收拾得干干净净，新做的龙须酥也非常可口。我就和老人商量，是否能请他为大家上课。老人在我的再三央求下，答应了我的请求。次日，他操着浓浓的方言，为孩子们讲解龙须酥的制作方法，孩子们在他的指点下纷纷尝试，并从老人那里购买了不少龙须酥。在送走老人后，我又把这样一个课程转变为即时写作素材，为孩子们上了一节难忘的美食制作课。这样多姿多彩的课余生活，作用并不亚于很多所谓的系统深刻的课程，而且能在孩子的记忆中久久留存。

在同事们的参谋下，行业故事慢慢向更理性、更实用的方向迈进。行业故事经历了"职业了解—职业尝试—因需制宜"，在摸索中慢慢成熟。行业故事讲座不仅使学生受益，同样也成了家庭教育的有效润滑剂。行业故事系统课程打开了家校共育的大门，让我们看到了家长资源的魅力。

家长课程4.0版：主题视频课

其实，我们能做的远不止这些！随着时代的发展，之前邀约家长进班上课的形式已明显落后于时代。条件允许的话，班主任不妨直接在开学后的第一次家长会上，对家长共建课程提出整体性要求。

我们可以用"四结合"的方式来规划家长课程。一要结合家长个人意愿，二要结合孩子年段特点，三要结合当期班级工作重点，四要结合班级家长职业资源。要改变家长课程中"各说各话"的状态，整体设计班级的家长课程，做同方向的主题家长课堂，以形成和学校教学互补的良好态势，共建班级课程文化。

以周末的实践活动"美食大厨赛"为例，通常情况下，我们会让每个孩子回家后单独向父母请教做饭的方法。如何改变这种关门请教的状态呢？班主任不妨邀请厨艺高超的家长，一边下厨炒菜，一边示范讲解，由孩子帮忙录制视频，再发到微信群中与同学分享。不同家庭纷纷晒出美食制作的视频教程，关门学厨的状态，就变成了更加生动有趣的家庭与家庭之间的学习交流互动。

家长课程5.0版：年级竞标课

资源闲置是一种浪费，资源没有被充分运用也是一种浪费。

前不久，一位班主任发的朋友圈给我带来很大触动。原来，她通过朋友资源邀请到了某位专家来给班级做讲座。遗憾的是，我是通过朋友圈的图片才欣赏到了这样精彩的一幕。我不禁暗暗大呼可惜：老师，您这样的家长资源，不应只给50个学生服务，而该给500个学生服务啊！

这也让我对家长课程有了进一步的思考。班主任大可不必把家长资源局限于只为本班服务。班主任之间应互相协作，共同盘点班级的优质家长课程资源，更开放地进行班际资源共享。这对于家校课程共建，无疑会形成新的促进力量。

……

随着时代的发展，家长的素质也在不断地提高。如何打破家校间的围墙，实现家校间的深度互动，共同服务于每一个孩子的成长？这份重任，靠班主任来承担！班主任要善于发现身边的家长资源，充分挖掘家长们的职业资源或特殊经验，并且尝试合理转化利用，带领他们走入孩子及其同龄人的生活空间，感受体验师生的真实生活，重新认识学校教育与家庭教育的关系。

当每一位班主任都拥有了开放办学的情怀，班级才有可能真正成为连接社会和学校的桥梁。

四、化解家校沟通困境

一进校门的下马威

没想到仅准备学具这一项，老师就给了我们一个下马威。开学后第一次家长会结束后，老师提供了一份极为详尽的PPT，对买什么样的本、笔、文具袋、文件袋、舞蹈鞋等都做出了详细的规定，对每一本书、每一个本包什么样的皮，包多厚的皮，名字写在哪里，用什么方式写也都规定得一清二楚。

那个周末我们在家附近的几个大超市和批发市场里奔波，采购着老师列出的各项用品，一项项地落实。

没想到，很多孩子的用品都不合格，也包括我女儿。

那天回来，女儿着急地怪我："为什么不给我买一双白色的舞蹈鞋？"

女儿一直在学舞蹈，家里有好几双规范的芭蕾舞舞蹈用鞋。怎么会不合格？

女儿说，老师交代了一定要买白色的，前面是宽宽的松紧带而不是细鞋带的。

"又不是上台表演，平时上课用，有必要这么统一吗？"几天的奔波，让舞蹈鞋成了压垮我的"那根稻草"，"就穿这个，不用非得换。"我生硬地对女儿说。

女儿没出声，我转身一看她的眼睛里充满了泪水，脸上写着焦急和恐惧，小声对我说："有小朋友已经挨批评了。"

我怎么可能让刚刚上学的女儿因为这点儿小事就受到责备，怎么能让她这么无助？！

我立刻起身带着女儿到老师推荐的商店去买了合乎要求的舞蹈鞋。

女儿的心情平复了，但是我却异常难受，我不停地问自己：是我错了吗？

（节选自林爻《开学一个月摧垮坚持六年的教育观》，《中国青年报》2012 年 10 月 10 日）

有段时间，林爻的文章《开学一个月摧垮坚持六年的教育观》被网友热议。我觉得这就是一个家校沟通出现问题的典型案例。

（一）服务建议为什么不被家长接纳

购买学生学具确如老师所说是有讲究的。以文中提到的"舞蹈鞋"为例，一年级学生系紧鞋带有一定的困难，形体课容易踩到鞋带摔倒。相比而言，宽宽的松紧带舞蹈鞋既不勒脚面，也不容易掉，同时更舒适也容易穿脱。

这些来自一线班主任长期经验积累的建议，为什么没有被家长接受？

因为班主任只讲了做法，却没有告知家长其中的原因。由于老师过于强势地要求家长执行落实，导致家长不理解。如果能向家长解释清楚，这些内容常常是值得聆听和认真参考的，哪会是下马威呢？

（二）关注家校双方的开学焦虑期

新生入学必定有一个家校接轨的磨合时期，文章传递出的恰恰是家校双方的"开学焦虑"。

家长常常担心老师不够优秀，怕老师对孩子不够好，怕孩子不快乐。想要的太多太多，却容易忽略自己正处于焦虑的状态。家长需要积极进行自我调节，不要让自己心头的隐忧影响孩子的学习生活，避免给孩子带来消极影响。作为学校的教育工作者，班主任也容易陷入开学焦虑中。班主任恨不能马上建立良好的教学秩序，恨不能马上在家长面前树立权威，其实应该在入学阶段对家长进行心理疏导，调节好家长和自身的状态。

后记·班主任，你为什么还是那么累

提到班主任工作，很多班主任都会不约而同地想到一个字——"累"。班上令我们揪心的事情太多了——大堆的作业等着批改，问题学生要谈话，个别家长总是找麻烦……难道"累"真的要成为我们工作的主旋律？面对繁重的工作，我心中偏偏有一个美好的愿景——轻轻松松当好班主任。请允许我们对苦与累的传统工作状态大声说"不"。

与问题学生谈话没有预案，时间搭在了耍嘴皮子上；不动脑筋布置作业，时间搭在了机械的批改上；责罚措施脱口而出，时间搭在了等待上……面对繁杂的工作，班主任唯一的解决方式就是转变思维方式，从习以为常的工作状态中寻找突破口。

班主任要有管理工作时间的意识，减少由低效能陪伴带来的师生生命损耗。不要总以为多投入时间，苦口婆心地劝说，就可以改变人的心灵。殊不知，有时切中要害的关键一句话，就可以点醒迷途中的羔羊！时间成本也是成本，低效如唐僧般的絮叨说服，效果远不如认真研究学情后采取有针对性的措施；"孩子的作业量×班级人数＝教师的作业批改量"，不动脑筋地布置作业，就是最大的自我摧残；工作、生活要有界限，要告诉你的家长们，晚9点到早7点是你的私人时间，若无重要的事，请勿闯入。增强时间管理意识，抽出身来多研究儿童、研磨预案，把事情做得更有智慧、更科学，一定会改变班主任繁忙的工作状态，对师生都有裨益。

班主任要有劳逸结合的意识。很多班主任像救火队员一样，从一个"火场"赶往另一个"火场",疲于奔命。殊不知,学校让我们完成任务,却并不希望我们顾不上喝水,顾不上谈恋爱,顾不上吃三餐……班主任要学会从忙乱的工作状态中停下来!每天早晨留出五分钟时间,定个简单规划;上午、下午各留出十分钟时间,喝茶、听音乐、静心;傍晚留出五分钟时间,回味当日教学生活中的闪光点。放心,你不会因为少了这三十分钟时间而有多大损失,反而会因为加强了规划,目标更清晰,效率更高。

班主任要有主动调控情绪的意识。班主任常被学生气得"吐血",因为学生没抄生词,因为学生上课说话,因为学生动手打了同学,因为学生弄坏了别人的东西……班主任在教室里咆哮一番之后,头昏脑涨地下班,带着满满的负面情绪回家……十年后再回首,你会发现这些不过是孩子成长过程中的小事。成长过程中,谁不犯错?早知事小,生个啥气?!班主任要减少扯着嗓子怒吼的次数,学会管理情绪。一个家庭是否稳定,取决于妈妈的情绪是否稳定;一个教室的生态,取决于班主任的性格和情绪。

班主任要有整合、借力的意识。很多班主任喜欢凡事亲力亲为,并以此为荣。长此以往,恐怕有一日会化作"春蚕"和"蜡烛"。你觉得,这是教师的写照吗?这早已不是新时代教师岗位的定位。个人的能力再强,也需要团队的支撑。班主任要学会让出空间,让孩子们大胆尝试体验,即使班级被扣分也没关系;班主任要学会让出"权力",呼唤科任老师共同经营;班主任要学会让出平台,分类引入家长资源,与家长共同关注每个孩子。要把亲力亲为的时间,用来穿针引线,整合、借力。

人们常用"春蚕"和"蜡烛"来形容教师,我却有一个小小的心愿——我们班主任不再用自我牺牲去换取学生的成长。班主任应与孩子携手,彼此滋养,努力争当教室空间的领队。

打破传统工作惯性,重建有质量的教育生活。

教师的工作习惯,影响着学生未来的生活习惯。

教师的生活品质，影响着学生未来的生活品质。

我要特别感谢朱小蔓教授、窦桂梅校长、李镇西校长、万玮校长、马宏校长的大力推荐和指点，感谢源创教育研究院吴法源、张万珠、李茂、王莹等朋友的支持，感谢好友韦奕的陪伴。唯有加快步伐，用心做事，方不辜负你们的鼓励。

谨以此文，写在新书的边上。

田冰冰

2017 年 2 月 13 日于巴蜀圣陶阁

出 版 人 李　东
责任编辑　欧阳国焰
装帧设计　许　扬
责任校对　贾静芳
责任印制　叶小峰

图书在版编目（CIP）数据

轻轻松松当好班主任／田冰冰著.—北京：教育
科学出版社，2017.4（2023.9 重印）
ISBN 978－7－5191－1045－1

Ⅰ.①轻…　Ⅱ.①田…　Ⅲ.①小学—班主任工作
Ⅳ.① G625.1

中国版本图书馆CIP数据核字（2017）第 069997 号

轻轻松松当好班主任
QINGQINGSONGSONG DANG HAO BANZHUREN

出 版 发 行	教育科学出版社				
社　　　址	北京·朝阳区安慧北里安园甲 9 号		邮　　编	100101	
总编室电话	010－64981290		编辑部电话	010－64989527	
出版部电话	010－64989487		市场部电话	010－64989009	
传　　　真	010－64891796		网　　址	http://www.esph.com.cn	
经　　　销	各地新华书店				
印　　　刷	运河（唐山）印务有限公司				
开　　　本	720 毫米 × 1020 毫米　1/16		版　　次	2017 年 7 月第 1 版	
印　　　张	14		印　　次	2023 年 9 月第 10 次印刷	
字　　　数	200 千		定　　价	58.00 元	